COLLECTION J. SIEURIN

SUITES

DE

VIGNETTES

POUR ILLUSTRATIONS

Par les plus grands artistes du XVIIIe et du XIXe siècle

GRAVURES DIVERSES

DESSINS

Par Marillier, Cochin, Huot, Lebarbier, Roumy, Monnet, etc.

PORTRAITS

LIVRES ILLUSTRÉS

ANCIENS ET MODERNES.

LA VENTE AUX ENCHÈRES PUBLIQUES

aura lieu

HOTEL DES COMMISSAIRES-PRISEURS, RUE DROUOT, N° 5

SALLE N° 4, AU PREMIER ÉTAGE

Du Lundi 3 au Vendredi 14 Février 1879.

A UNE HEURE ET DEMIE PRÉCISE

Par le ministère de Me **DELESTRE**, Commissaire-Priseur, 27, rue Drouot.

Assisté de **M CLEMENT**, Marchand d'Estampes de la Bibliothèque Nationale,
3, rue des Saints-Pères.

Et de **M. LABITTE**, Libraire de la Bibliothèque Nationale, rue de Lille 4.

EXPOSITION PUBLIQUE : *Les Dimanches 2 et 9 Février 1879,*

DE UNE HEURE A QUATRE HEURES ET DEMIE.

CONDITIONS DE LA VENTE

La vente sera faite au comptant.

Les acquéreurs payeront cinq pour cent en sus des enchères.

L'expert chargé de la vente des gravures se réserve la faculté de rassembler ou de diviser les lots.

Paris. — Typ. PILLET et DUMOULIN, 5, rue des Grands-Augustins.

ORDRE DES VACATIONS

Mercredi, 12 février.

LIVRES

Jeudi, 13 février.

Vendredi, 14 février.

INTRODUCTION

Il n'y a pas longtemps encore, on rencontrait sur les quais devant les marchands d'estampes, on apercevait chez les libraires dans les passages, on coudoyait aux ventes de la rue Drouot un homme qui certes méritait une attention particulière,

De petite taille, il avait les cheveux grisonnants et ses traits, légèrement grossis par l'âge, révélaient néanmoins une grande finesse. Son nez un peu courbé supportait une paire de lunettes sous lesquelles brillaient des yeux clairs et singulièrement vifs. Lorsqu'il examinait une vignette ou un portrait, sa bouche, par un mouvement imperceptible, indiquait les moindres défauts de l'épreuve ; mais, quand celle-ci était parfaite, pas un muscle du visage ne bougeait et la physionomie restait grave. Cet homme représentait une figure originale, tranchant sur la monotonie des attitudes vulgaires. Marchand, il achetait pour les besoins de son commerce : toutefois on sentait que, collectionneur convaincu, il était travaillé par la fougue qui s'empare de tout véritable amateur. Les moindres transactions le trouvaient sérieux et pour lui les œuvres de Moreau ou de Longueil n'étaient pas seulement marchandises à vendre.

C'est que Jacques Sieurin avait un tempérament d'amateur. Normand, il était né à Rouen, le 13 mai 1809 ; de bonne heure il rechercha les livres. Aller dans les ventes et se procurer quelques-unes des gravures qu'il convoitait, telle était sa passion irrésistible. Aussi éprouva-t-il de la froideur pour la position de commis, que son père lui avait procurée. Cependant Sieurin vint à Paris en 1827 ; il commença par travailler chez un patron, mais il ne tarda point à s'affranchir d'un labeur quotidien qui l'empêchait de se livrer à ses promenades favorites. Son écriture était belle, il donna des leçons de calligraphie. Enfin il s'établit rue de Seine-Saint-Germain, marchand de gravures et en même temps professeur d'écriture, comme en témoignaient les modèles de ronde et de bâtarde fixés aux carreaux de la petite boutique.

A partir de cette époque, Sieurin fut dans son élément naturel. Il mit un entrain inconcevable à poursuivre les bouquins, les vignettes et les portraits. Il les traqua partout : à la salle Sylvestre, chez ses confrères, chez les amateurs et principalement chez les anciens graveurs tels que Simonet, Masquelier et autres. De préférence il s'attacha aux œuvres minuscules du xixᵉ siècle et du siècle précédent. Son goût s'épura, ses connaissances s'étendirent et il devint une espèce d'oracle qu'on allait consulter dans les circonstances graves pour obtenir un bon avis. Sieurin était au courant des historiettes concernant certaines pièces curieuses, il savait tous les détails relatifs à la gravure d'une planche ou à son tirage, il pouvait dire, d'après des signes presque invisibles, le véritable état d'une épreuve douteuse; il soulevait même le voile qui couvre la personnalité anonyme des artistes aux sujets scabreux. C'était pour lui un vrai plaisir de fournir tous les renseignements qu'il avait recueillis et il mettait une grande complaisance à faire l'éducation des personnes qui s'adressaient à lui. Comme on dit, il cherchait et connaissait *la petite bête;* partant, il n'était pas facile d'en faire accroire à un homme aussi expérimenté, qu'une défiance souvent justifiée tenait toujours en éveil. Nul mieux que lui n'aurait pu indiquer pour les suites d'estampes le nombre, la qualité et la valeur des diverses épreuves. Amateur passionné, il avait sa petite collection et l'enrichissait chaque jour. Pour rien au monde il n'aurait vendu son exemplaire des *Baisers* ou ses gravures de La Fontaine. Les sacrifices qu'il s'imposa pour satisfaire son goût le rendirent presque jaloux de ses richesses artistiques; il craignait de les montrer et les cachait sans retour lorsqu'on lui en offrait un prix considérable. Ne voulant pas succomber à la tentation, il la fuyait.

Durant bien des années, Sieurin acheta, vendit, échangea des gravures de toute sorte; il demeura successivement, rue des Beaux-Arts, rue de Seine et rue de la Montagne-Sainte-Geneviève. Mais l'âge et les infirmités produites par une congestion cérébrale, sans diminuer son ardeur, avaient ralenti son élan. Les heures sont longues à ceux qui gardent le logis..., il entreprit alors un travail fort important qui réclama le fruit de son expérience, encouragé dans cette tâche par ses anciens clients devenus ses amis. L'ouvrage fut intitulé : *Manuel de l'Amateur d'illustrations*. L'éditeur se présenta de lui-même, c'était M. Labitte, libraire honorable et expert habile autant que loyal. Sous ces auspices le manuel parut en 1875 et eut un succès de très-bon aloi non seulement en France, mais à l'étranger. En effet, plusieurs indications très-utiles ne se trouvent que dans cet ouvrage, qui devra toujours être consulté par les personnes sérieuses. Il ne fait pas double emploi avec le livre de M. Cohen, ni avec celui de M. Portalis. Ces publications d'un vif intérêt se complètent les unes les autres, et sont indispensables à tout amateur qui désire s'instruire.

Sieurin eut donc la satisfaction d'être imprimé, d'être apprécié, et put se dire : *Je ne mourrai pas tout entier !*

Jusqu'au dernier moment il s'occupa des études qui avaient charmé sa vie ; il mettait en ordre ses gravures, ses portraits et ne quittait plus guère sa chambre de la rue du Sabot, son domicile définitif. C'est là qu'il s'éteignit le 24 avril 1878, âgé de soixante-huit ans.

Jamais Sieurin n'avait voulu céder les pièces de choix qui formaient sa collection particulière, cependant il avait souvent manifesté le désir qu'elles fussent vendues aux enchères publiques. Ce désir, bien naturel, Mme Sieurin, sa veuve, le remplit aujourd'hui.

En lisant le catalogue suivant, rédigé par M. Clément avec un très-grand soin, les amateurs comprendront que les explications données ci-dessus ne peuvent être taxées d'exagération. Le présent catalogue contient, cela va sans dire, et la petite collection de Sieurin, et les gravures en nombre qui constituaient son fonds de commerce. Laissant de côté ces dernières, il est utile d'indiquer les articles importants de la vente. Par exemple : les douze dessins originaux de Marillier pour Gil Blas (65), les suites de vignettes avant la lettre pour Béranger (101, 102), pour Bernardin de Saint-Pierre (105, 111, 125, 129), Boileau (135, 138), Bossuet (151, 155), les gravures si rares de Smirke pour Don Quichotte, en épreuves d'artistes (exemplaire de John Pye, n° 185), et le n° 186, épreuves avant lettre, les suites également avant la lettre, d'après Moreau, pour Corneille (207), Crébillon (215), Delille (234, 235), Demoustier (eaux-fortes, 240), Fénelon (264 et suivants), Tom Jones de Fielding (284), les gravures pour les Mille et une Nuits (304, 307, et surtout les vingt-quatre gravures de Smirke dans un état hors ligne, 308), celles pour les Lettres Péruviennes (342), Gresset (346), La Fontaine (375 et suivants), Lesage (448), Faublas, de Louvet (470), Molière (suite de Bret, *avant lettre*, 490 et n°ˢ suivants), Manon Lescaut (529), Racine (543, 547, 548), Regnard (564), Rousseau (572, 576), les Saisons, de Saint-Lambert (gravures avant lettres et tirages à part (608, 610, 612), Voltaire (suite de Kehl, avant lettre, 676, plus les n°ˢ 677, 678).

Parmi les vignettes d'état, on trouve celles de Moreau pour Regnard (723), les gravures des Grâces (729), des

Métamorphoses d'Ovide (757), le fameux titre des Grâces (806); on trouve encore la collection si recherchée des lithographies de Boilly d'après Prud'hon, que Sieurin avait éditées.

Dans les portraits, se rencontrent ceux de Choffard (tirage à part, 968), de Larochefoucauld (avant lettre, 969), de Beaumarchais (975), de Sévigné (par M. Edelinck, sans le trait d'union, 1046), de Bossuet et de Boileau, par Ficquet (1068, 1069), de Corneille, de Fénelon, de Molière, de Rousseau, de Voltaire, par le même, Ficquet (épreuves avant lettre, 1073, 1083, 1093, 1100, 1108), de la Dubarry par Gaucher (1117), de Jeanne d'Arc par Marcenay (1213), de Moreau par Saint-Aubin (1242), de La Fontaine, de Marie-Antoinette, de La Borde par Moreau (1244, 1247, 1250), de Deshoulières par Van Schuppen (1395).

Les livres de la vente offrent aussi : les émaux de Petitot en grand papier de Hollande (25), les œuvres de Boileau, éditées par Saint-Surin (l'un des 12 exemplaires avec les eaux-fortes, 76), les Contes de La Fontaine, des Fermiers généraux (83), les Fables de Dorat, non rognées (103), les Idylles de Berquin, d'après Marillier (105), Daphnis et Chloé (in-4, imprimé par Didot, avec une réunion de gravures superbes, 218), Psyché et Cupidon (231), le temple de Gnide, gravé (242), les Liaisons dangereuses (Londres, 1796, papier vélin, figures avant la lettre, et eaux-fortes, 271), Lettres de Mme de Sévigné (14 volumes d'Hachette, en grand papier, 322).

En terminant il faut attirer l'attention sur les numéros
98 et 421 des estampes, ainsi que sur le numéro 101
des livres. Ce dernier annonce un merveilleux exemplaire
des *Baisers de Dorat* dont les épreuves sont fort belles et
la reliure ancienne, en maroquin rouge, bien conservée :
voilà qui est très-rare. On en dit autant des *cinq épreuves
avant la lettre*, gravées d'après Saint-Quentin pour la Folle
Journée, ces pièces qui ont un large cadre sont pour ainsi
dire introuvables. Mais *toutes les gravures d'après Fragonard et toutes les eaux-fortes* (moins une), pour les Contes
de La Fontaine constituent un événement dont la biblio-
philie sera émue, car cette suite compte à peine une ou
deux rivales.

Tel est le catalogue. N'est-ce pas qu'il est riche en pièces
remarquables et curieuses ? N'est-ce pas qu'elles feraient
le bonheur des plus difficiles et des plus délicats ? Eh bien,
Sieurin, dans sa position très-modeste, a su trouver de
pareilles gravures et, malgré de mauvais jours, il a su les
garder ! Donnant un exemple qui sera peu suivi, il mérite
à coup sûr plus que tant d'autres, lui le petit marchand,
d'être considéré comme un véritable amateur.

Paris, 15 décembre 1878.

DÉSIGNATION

DESSINS

ALBRIER (J.).

1. Suite de cinq Dessins in-12, au lavis de bistre, rehaussés de blanc, pour Ossian, édition publiée par Janet.

ANONYMES.

2. Louis XVI et sa Famille, représentés sur une même feuille — Louis XVIII et sa famille, sur une même feuille. — Sept portraits des généraux étrangers qui ont accompagné Louis XVIII en 1815. Trois dessins au fusain.

3. Garat (Pierre-Jean), célèbre chanteur. Beau portrait au fusain.

AUVREST.

4. Portraits en pied de Voltaire et de Rousseau. Deux dessins à la plume.

BAUDET-BAUDERVAL.

5. Six Dessins in-32, d'après Moreau, pour les œuvres de Gresset, plus 1 portrait d'Horace et 1 portrait de Lafontaine. 8 Dessins à l'encre de Chine.

BAUDET-BAUDERVAL.

6. Sous ce numéro, il sera vendu par lots, un grand nombre de Dessins, d'après différents maîtres, pour Lafontaine, portraits pouvant illustrer Tallemant des Réaux, Saint-Simon, Mme de Sévigné, les Poëtes français, Molière, Voltaire, Boileau, etc.

BINET (V.)

7. Neuf Dessins in-12, pour le Temps-Passé, Claire d'Albe et Romans de la fin du xviiie siècle. Très jolis Dessins à l'encre de Chine. Quatre sont accompagnés des gravures.

BOILLY (L.).

8. Portrait de Andrieux, membre de l'Institut. Beau Dessin aux trois crayons.

BOREL.

9. Trois Dessins à la plume et encre de Chine, rehaussés de blanc, pour Parny, Bianca Capello, etc.

BORNET.

10. Compositions allégoriques. Trois Dessins in-8 à la sépia.

BOUCHARDON (E.).

11. Trois médaillons représentant les portraits de Corneille, de Voltaire et Th. Corneille; à droite, la Renommée soutient le portrait de Voltaire. En bas des attributs de musique et de comédies. Beau Dessin in-4 aux trois crayons.

BOULANGER (L.).

12. Portrait de Henriette d'Angleterre, duchesse d'Orléans, à l'aquarelle. A été gravé par Bouchardy.

CHAILLOU.

13. Suite de 13 Dessins in-18, pour les œuvres de Radcliffe, ainsi répartis, 6 pour les Mystères, 3 pour la Forêt, 4 pour le Sicilien. Beaux Dessins à l'encre de Chine.

14. Trois Dessins in-8, pour les Chevaliers du Cygne. Beaux Dessins à l'encre de Chine, rehaussés de blanc.

15. Trois Dessins in-8, pour Jacques le Fataliste, à l'encre de Chine, rehaussés de blanc.

16. Cinq Dessins in-12, pour les œuvres de Mme de Souza. Jolis Dessins à l'encre de Chine, rehaussés de blanc.

CHALLE.

17. La Gageure des trois commères. — Le Cuvier. Deux Dessins in-4, pour les contes de Lafontaine. Au crayon et encre de Chine.

CICERI.

18. Paysage. Jolie aquarelle.

COCHIN (C.-N.)

19. Dessin du Frontispice de la Nouvelle Héloïse. Édition de 1764. Beau Dessin à la mine de plomb, sur vélin. A été gravé par Delongüeil.

20. Les Vendangeurs. Joli Dessin à l'encre de Chine, en forme de frise. Signé.

COLIN, CHASSELAT, LEMERCIER, MARTINET, etc.

21. Compositions pour Parny, Legouvé, sujets religieux, portraits de Molière, Mme de Sévigné, Mme de Staël, etc. 80 Dessins au lavis de bistre et encre de Chine.

DAVID (Jules).

22. Portraits et titres pour les fables de Lafontaine, publiées par Armand Aubrée. Quatre Dessins à l'aquarelle et Sépia.

DESENNE (A.).

23. Suite de cinq Dessins in-8, pour les œuvres de Gilbert. Édition Dalibon, 1823. Beaux Dessins à la Sépia, dans une condition superbe, avec marges. A ces cinq Dessins il en est ajouté un sixième, représentant Gilbert mourant à l'Hôtel-Dieu.

24. Quatre Dessins in-18, pour Paul et Virginie. Édition Janet. Jolis Dessins à la Sépia.

DESRAIS.

25. Buste de Lafontaine couronné par les Amours. Dessin pour servir de titre à une édition des fables. A la plume et au lavis de Sépia.

26. Jeune Femme à sa toilette. Joli Dessin d'intérieur. A la plume et encre de Chine.

27. Les Maréchaux Mortier, Oudinot, Suchet, Davoust, Berthier, Moncey, Kellermann et Macdonald. 8 Dessins à la plume et au lavis d'encre de Chine et de bistre.

28. François II, empereur d'Autriche. — Frédéric-Guillaume III, roi de Prusse. — Alexandre Ier, empereur de Russie. — La Reine de Westphalie et la Reine Hortense. 5 Dessins à la plume et au bistre.

DEVÉRIA (A.).

29. Sept Dessins in-8 à la sépia, pour J.-J. Rousseau. Signés.

30. Trois Dessins in-18, dont deux à la sépia et le troisième à la mine de plomb, retouché à l'encre de Chine, pour Don Quichotte.

31. Gonzague (Anne de), princesse Palatine. Charmant Dessin à la mine de plomb.

DEVÉRIA ET DESENNE.

32. Portraits de Mme Geoffrin. — Le Chevalier Bertin. Dessins pour Bossuet, Legouvé, Lafontaine, Voltaire et Corneille, etc. 16 Dessins à la sépia.

DEVÉRIA, DESENNE ET LEMERCIER.

33. Quatre Dessins, plus 1 portrait de Chateaubriand, pour Atala. A la sépia et encre de Chine. A ces Dessins est ajoutée une lettre autographe de Chateaubriand.

DIEN (C.-M.).

34. Portraits de Mme de Staël, d'après Gérard ; — d'Aguesseau, deux portraits différents. 3 Dessins à la mine de plomb, ayant servi pour la gravure.

35. Journiac de Saint-Meard. Deux portraits différents à l'encre de Chine et au bistre.

DIVERS.

36. Dessins pour illustrer les œuvres de Lafontaine. Contes et fables. 13 Dessins aux divers crayons.

37. Dessins pour Boileau, la Lampe merveilleuse, etc. 28 Dessins au crayon et au lavis.

38. Compositions pour illustrer des ouvrages du XVIIIe siècle. 11 Dessins à l'encre de Chine et au lavis. Un Dessin par Mongin est accompagné de la gravure.

39. Marguerite de Valois. — Henri IV. — Le Duc d'Orléans. — Fr. Ph. de Mesenguy. — La Princesse de Beauveau, Parny, par Gaucher, etc. 9 Dessins aux divers crayons.

40. Portraits de Lafayette, le marquis de Favras, Kléber, le duc d'Angoulême, Diderot, Percier, Hogarth, etc. 23 Dessins à la mine de plomb, à la sépia, au fusain et à l'aquarelle.

DIVERS.

41. Ravaillac, la Brinvilliers, Rembrandt, Duguesclin, Mirabeau, le duc d'Enghien, etc. 18 Dessins aux divers crayons.

DUPLESSIS-BERTAUX

42. Manuel, procureur de Paris, assailli par des Jacobins à Montargis. — Mort du général Marceau. — Pichegru conquérant la Hollande. Trois dessins à la plume, en forme de frises.

ÉCOLE FRANÇAISE (XVIIIᵉ SIÈCLE).

43. Portraits de Mᵐᵉ Elisabeth, — Mademoiselle de Salignac, — Mᵐᵉ la comtesse de Polastron. Trois charmants dessins à la sanguine.

44. J.-J. Rousseau herborisant. Dessin in-8, à la plume et lavis de bistre.

45. Portrait d'artiste dessinant. — Portrait de femme, assise et prenant son thé. Deux jolis dessins aux trois crayons, faisant pendant.

46. Charmond, officier d'ordonnance de général Richepance, — le général Colaud, — Emmanuel de Lapointe, aide-de-camp du général Richepance. Trois portraits peints au pastel, sur vélin.

FRILLEY.

47. Portrait de Béranger, représenté assis dans un jardin. Joli dessin au fusain. A ce dessin sont ajoutés les trois états de la gravure, à l'eau-forte, avant la lettre terminée et avec la lettre.

GAUTIER (E.).

48. Portraits de Térence, — Lully, — saint Bernard, — Hérodote, — Aristote, — Thibaut de Champagne, etc. Neuf dessins in-18 au lavis d'encre de Chine.

GIRARDET.

49. Portraits de la comtesse d'Armagnac, — Olivier Patru. Deux Dessins à la mine de plomb, d'après des tableaux du temps.

GOBLAIN (L.).

50. Vue de la fontaine de la place du Châtelet et de la tour St.-Jacques-de-la-Boucherie, à Paris. Joli dessin au bistre, rehaussé de blanc.

GRAINCOURT.

51. Jean Bart, — François de Vendosme, duc de Beaufort. Deux portraits, dessinés à la mine de plomb, sur vélin. Signés et datés de 1779.

GRAVELOT (H.).

52. Beau dessin à la plume, lavé d'encre de Chine, pour le conte de Lafontaine : le Berceau, in-4.

53. La Mort d'Orphée. Deux compositions différentes. Beaux dessins à l'encre de Chine et au bistre, rehaussés de blanc.

HUOT.

54. Suite de 24 dessins in-8, pour Gil Blas, de Lesage. Charmants dessins à l'encre de Chine. Superbe condition, avec marges. Ces dessins n'ont pas été gravés.

55. Suite de onze dessins in-8, pour le Diable boiteux, de Lesage. Charmants dessins à l'encre de Chine, Superbe condition, avec marges.

LAJOUE.

56. Décoration d'une fontaine. Joli dessin à la plume et au lavis d'encre de Chine et d'aquarelle.

LE BARBIER.

57. Buste de madame de Sévigné, couronné par les Grâces, titre d'une édition en 6 volumes, publiée en 1788. Joli dessin in-8, à l'encre de Chine.

58. Suite de cinq dessins in-18, pour Galatée de Florian. Charmants dessins à la sépia, dans une condition parfaite, avec grandes marges.

59. Deux dessins in-18, par Monsiau, pour Estelle. Un est à la sépia et l'autre à l'aquarelle.

LEVILLY.

60. Suite de six dessins, sur une même feuille, pour Paul et Virginie, au bistre. Signés et datés 1822.

LUC.

61. Scène d'une comédie où est représentée Mme Favart, couchée et endormie. Joli dessin au lavis d'aquarelle.

MALBESTE (G.).

62. Lamoignon de Malesherbes, — Mme de Lamoignon-Malesherbes. 2 portraits dessinés à la mine de plomb, sur vélin. Signés et datés 1786.

MARCKL.

63. Portraits de Hoffmann, — Goldsmith, — Swift, — Fielding. Quatre dessins aux trois crayons.

MARÉCHAL.

64. Portrait de Fénelon. — Sujets d'après Fragonard et autres. 4 Dessins au lavis d'encre de Chine et rehaussés de blanc.

MARILLIER.

65. Suite complète de douze dessins in-8, pour Gil Blas de Lesage. Superbes dessins à l'encre de Chine. Ils ont été gravés par Villerey. Superbe condition, avec marges.

MARILLIER.

66. Trois dessins in-8, par Desrais, pour le même ouvrage, à l'encre de Chine, rehaussés de blanc.

67. Suite de huit dessins in-8, pour les œuvres de Boufflers. Superbes dessins à l'encre de Chine, avec bordure. Très-belle condition. A cette suite sont ajoutés : 1° un envoi autographe de Marillier; 2° une lettre autographe de Boufflers.

68. Portraits de Molière, — Regnard, — Destouches et Crébillon en médaillons, entourés de petits sujets représentant les scènes de leurs principales comédies. 4 beaux dessins à la plume, dans une parfaite condition.

69. Deux dessins à la plume, pour Gusman d'Alfarache. — Deux autres dessins du même maître pour divers auteurs. 4 dessins.

MARTINET.

70. Suite de quatre dessins in-8 en travers, pour Don Quichotte, à l'aquarelle.

71. Quatre dessins in-18, pour une histoire de Louis XVIII, à la sépia. Signés.

MASSIEU.

72. Petit dessin au bistre et à la mine de plomb, pour le conte : Point de lendemain. Édition Leclerc.

MONNET (C.).

73. Deux dessins in-4, pour le poëme de Joseph de Bitaubé, à l'encre de Chine. Ils sont accompagnés des gravures avant la lettre.

74. La Mort d'Abel. Beau dessin à l'encre de Chine.

75. Portrait de Fénelon, dans une bordure ornementée. A l'encre de Chine, rehaussé de blanc.

MONNET (C.).

76. Portrait du cardinal de Retz, in-12, à l'encre de Chine, signé.

MONGIN, ROUSSEAU ET AUTRES.

77. Portraits de Lafontaine avec attributs, pour les fables, — la Gageure des trois Commères, — Joconde, — la Courtisane amoureuse, etc. 8 dessins à la plume, à l'encre de Chine et sépia.

MULLER (Mélanie).

78. Jeune garçon en costume de l'époque Louis XVI, assis sur une grosse pierre et tenant un violon. Beau dessin aux trois crayons. Signé.

QUEVERDO.

79. Suite de douze dessins in-12, pour l'Ane d'or d'Apulée. A la sépia. Superbe condition, avec marges.

80. Portraits de Jeanne d'Arc et du comte de Dunois. En bustes avec ornements et armoiries. Deux beaux dessins au lavis de bistre, rehaussés de blanc.

QUEVERDO, HUOT ET CHAILLOU.

81. Compositions pour la Religieuse de Diderot, Estelle et Némorin, et Romans de la fin du XVIIIᵉ siècle. Six dessins in-8 et in-12, à l'encre de Chine et au bistre.

RIBAUT (Mˡˡᵉ).

82. Portrait de mademoiselle Lenormand. Joli dessin au crayon noir.

RIFFAUT (Ad.).

83. Portrait d'Alfred de Musset. Dessin au fusain, fait pour la gravure publiée dans l'Artiste.

ROUMY.

84. Suite de 24 dessins à l'aquarelle pour illustrer les contes de Lafontaine. Ces 24 dessins proviennent de la vente Pixerécourt et ils étaient destinés selon lui à illustrer l'édition de Didot in-4. Ils sont dans une condition parfaite, avec grandes marges in-4.

TEXIER (G.).

85. Jeune Femme assise, entourée d'Amours. Joli dessin de forme ovale in-4. Au lavis de bistre et d'encre de Chine.

SUITES DE GRAVURES POUR ILLUSTRATION

ANACRÉON.

86. Suite compléte de 4 gravures in-8, d'après Girodet et Bouillon, pour les Odes traduites en vers par J.-B. de Saint-Victor. Rares épreuves avant la lettre. Plusieurs sont doubles, dont 1 à l'eau-forte; en tout 9 pièces.

APULÉE.

87. Douze gravures in-12, dont 1 portrait, d'après les dessins de Queverdo, pour l'Ane d'or d'Apulée. Belles épreuves avant la lettre.

ARIOSTE.

88. Suite complète de 46 gravures in-8, de Cochin, pour Roland, avec un encadrement; un portrait de l'Arioste, d'après Titien, gravé par Ficquet, avec le même encadrement; plus un autre portrait avant la lettre par Ficquet, et un par Littret; en tout 49 pièces.

ARIOSTE.

89. Suite complète de 47 gravures in-8, de Moreau, Monnet, Eisen, Cipriani, pour Roland. Très-belles épreuves dont plusieurs avant l'indication du chant et avant la bordure. Plusieurs pièces sont doubles en états différents.- 51 pièces.

BARTHÉLEMY (L'ABBÉ).

90. Six gravures avant la lettre, d'après les dessins de Colin, et 1 portrait gravé par Tardieu, pour le Voyage du jeune Anacharsis en Grèce. Paris, E. Ledoux, 1821. En plus 7 pièces doubles en différents états ou sur Chine. 14 pièces.

91. La même suite. Rares épreuves à l'eau-forte.

BEAUMARCHAIS (SUITES POUR LES ŒUVRES).

92. Cinq gravures in-8 de Tony Johannot, publiées par Furne. Épreuves avant la lettre sur chine, manque le Barbier. Le portrait est double à l'état d'eau-forte.

93. La même suite complète avant la lettre, sur papier blanc. Le portrait est double à l'état d'eau-forte.

94. Sept gravures, d'après les dessins de Duvivier, in-12, pour la Bibliothèque française de Menard et Desenne. Belles épreuves avant la lettre.

95. Trois gravures in-32, d'après Desenne, publiées par Roux et Dufort. Épreuves avant la lettre, sur Chine, une est double à l'eau-forte.

96. Six Gravures et 1 portrait in-8, d'après Staal, publiées par Garnier frères.

97. Gravures diverses, d'après Gravelot, Johannot, Desenne, Daudet, etc. 9 pièces.

BEAUMARCHAIS (Suites pour la Folle Journée).

98. *Suite complète de cinq pièces grand in-8, d'après les dessins de Saint-Quentin.*

Superbes et très-rares épreuves avant la lettre, avec un encadrement autour du sujet. Ces 5 gravures étaient destinées à une édition petit in-4, qui n'a jamais été faite et elles ont servi, après l'encadrement supprimé et la lettre ajoutée, pour l'édition de Kehl. Elles ont toutes leurs marges. Très-rares de cette condition.

99. Portrait de Beaumarchais, d'après Cochin, gravé par St.-Aubin. — Le même, de plus petit format, gravé par Le Roy. — Melle Contat, d'après Desrais, par Dupin. — La même, gravée en couleur par Janinet, d'après Dutertre, représentée dans le rôle de Suzanne. Quatre pièces. Superbes épreuves avec grandes marges.

100. Portraits des artistes qui ont joué pour la première fois le Mariage de Figaro. Dix portraits gravés par Hillemacher. — Notice bibliographique sur la comédie de la Folle journée ou le Mariage de Figaro, par F. D. Marescot. — Portraits de Beaumarchais et d'artistes qui ont interprété sa comédie, etc. 38 pièces.

BÉRANGER.

101. Suite complète de 103 gravures et 8 pièces supplémentaires, à claire-voie, d'après nos premiers artistes, publiées par Perrotin en 1829. Superbes et rares épreuves avant la lettre, sur chine. 4 pièces des vignettes supplémentaires sont avec la lettre. Rares.

102. Suite complète de 77 gravures, d'après Charlet, de Lemud, Johannot, Raffet. Dernière collection, publiée par Perrotin. Superbes épreuves avant la lettre, en grande partie sur chine. A cette suite sont ajoutés 6 portraits de Béranger et une lettre autographe signée.

BÉRANGER.

103. La même suite complète avant la léttre, en partie sur chine. Neuf pièces sont avec la lettre.

104. Réunion de portraits et vignettes diverses pour les œuvres de Béranger. 150 pièces, dont beaucoup sont avant la lettre.

BERNARDIN DE SAINT-PIERRE (Œuvres de).

105. Collection complète de 16 gravures in-8, dont 1 portrait, d'après Lafitte, Moreau, Girodet, Vernet, Prud'hon, Isabey et Desenne, pour les œuvres publiées par Méquignon-Marvis, 1818. Superbes épreuves avant la lettre, de format in-fol. et in-4. Le Passage du Torrent s'y trouve deux fois, le 1er gravé par Roger, et le 2me par Blanchard. Douze pièces sont sur chine, dont cinq doubles.

106. La même suite complète avant la léttre. Le portrait est sur chine.

107. Six pièces doubles de la suite précédente, dont quatre pour Paul et Virginie. Très-rares épreuves à l'eau-forte. Dans ce lot se trouve la pièce d'après Prud'hon, gravée par Roger : Le Naufrage de Virginie.

108. La même suite complète avec la lettre.

109. Quatre gravures in-18, dont 2 de Moreau et 2 d'après Desenne, pour l'édition de Paul et Virginie, publiée par Deterville en 1816. Épreuves avant la lettre, remargées.

110. Quatre Pièces doubles de la suite précédente, dont 2 à l'eau-forte ; une est double.

111. Suite complète de 5 gravures in-8, dont 1 titre, d'après Desenne, gravées en Angleterre par Heath, pour l'édition de Méquignon-Marvis, 1822. Superbes épreuves avant la lettre, sur chine in-fol., plus 2 gravures anglaises, d'après Cristall, par Heath, pouvant entrer dans la même édition.

BERNARDIN DE SAINT-PIERRE (ŒUVRES DE).

112. La même suite complète. Très-rares épreuves à l'eau-forte.

113. Suite complète de 6 gravures in-18, d'après Desenne, pour Paul et Virginie. Édition Louis Janet, sans date. Superbes épreuves sur chine in-fol. A cette suite sont ajoutées 2 gravures in-18, d'après Desenne, du même format que celles de l'édition et publiées par le même éditeur.

114. La même suite complète. Très-rares épreuves à l'état d'eau-forte. 5 pièces, le portrait n'existant pas en cet état.

115. Les deux mêmes suites avant la lettre et eaux-fortes. Conformes à celles indiquées ci-dessus.

116. Collection complète de 11 gravures in-8, d'après Corbould, pour les œuvres. Paris, Lequien, 1830. Superbes épreuves avant la lettre, sur chine in-fol.

117. La même suite complète avant la lettre. Épreuves sur chine in-8.

118. La même suite complète. Très-rares épreuves à l'eau-forte, sur chine in-fol.

119. La même suite. Épreuves à l'eau-forte. Manque Paul et Virginie dans la forêt, qui s'y trouve terminée avant la lettre. Sur chine.

120. La même suite complète avec la lettre. Épreuves sur chine.

121. La même suite complète avec la lettre. Épreuves sur blanc.

122. Neuf gravures de Corbould, in-18 à claire-voie, pour une édition donnée par Lefèvre. Superbes épreuves avant la lettre, sur chine, plus 8 pièces doubles sur chine, à l'état d'eau-forte.

BERNARDIN DE SAINT-PIERRE (Œuvres de).

123. La même suite complète avant la lettre, sur chine, plus les 5 pièces à l'eau-forte sur chine, pour Paul et Virginie.

124. Vignettes d'après Desenne et Mme Fauchery pour Paul et Virginie et la Chaumière indienne et 4 sujets grand in-8, dessinés et lithographiés par Desenne ; en tout 24 pièces sur chine avant la lettre et à l'eau-forte.

125. Suite complète de 5 vignettes, d'après les dessins de Westall, gravées par Heath pour Paul et Virginie. Superbes épreuves avant la lettre, sur chine.

126. La même suite complète. Belles épreuves avec la lettre.

127. Réunion de vignettes anglaises et françaises pour Paul et Virginie. La plupart sont sur chine avant la lettre et sont très-rares.

128. Six gravures in-8, d'après Dutailly, pour une édition anglaise. Épreuves remontées, sauf 2 qui sont avant la lettre.

129. Collection complète de sept portraits de l'édition Curmer, sur chine in-fol., avant la lettre. La Bramine avant toutes lettres, avec la petite étoile. Bernardin, Marguerite et le Docteur sont aussi en épreuves de remarques.

130. La même suite complète avant la lettre, sur chine. Le portrait de Bernardin à la sphère au milieu du bas.

131. Défets des suites indiquées ci-dessus. Environ 200 pièces avant et avec la lettre et à l'eau-forte.

BERNIS (Le Cardinal de).

132. Suite de 5 gravures en manière noire et 1 portrait du Cardinal sur le titre, gravé par Le Mire, d'après Callet, pour ses œuvres. Paris, Didot, an V, très-belles épreuves avant la lettre.

BOILEAU (Suites pour les œuvres de).

133. Suite complète de 6 gravures in-8, d'après les dessins de Cochin. Très-rares épreuves avant la lettre. 20 ƒ

134. La même suite. Très-rares épreuves à l'état d'eau-forte, remontées.

135. Neuf gravures in-4, dont un portrait, d'après les dessins de Monsiau, pour l'édition Crapelet, 1798. Très-rares épreuves avant la lettre, avec marges, plus deux pièces doubles à l'état d'eau-forte. 100 ƒ.

136. Neuf gravures in-8 en travers, de Fortin, pour le Boileau de Didot, in-fol. Superbes épreuves avant la lettre, sur chine, plus six pièces doubles à l'état d'eau-forte. 18 S.

137. La même suite. Très-belles épreuves avant la lettre sur blanc, de format in-fol.

138. Sept gravures in-8, dont 1 portrait, publiées par Renouard, d'après les dessins de Moreau. Très-rares et superbes épreuves avant la lettre, tirées sur papier de format in-4. Elles ont toutes leurs marges. 20 ƒ 120

139. La même suite. Très-belles épreuves avant la lettre à toutes marges. La gravure du chant Ier est double à l'état d'eau-forte, le portrait est avec la lettre.

140. Gravures séparées de la suite précédente, 9 pièces avant la lettre.

141. La même suite. Belles épreuves avec la lettre, manque le portrait. ƒ

142. Sept gravures in-8, dont un portrait d'après Rigaud, gravé par Lignon, et six sujets de Desenne pour l'édition de Lefèvre, 1821. Superbes et premières épreuves avant la lettre, sur chine, dont 3 avant l'encadrement, et le portrait avant les noms des artistes.

2

BOILEAU (Suites pour les œuvres de).

143. La même suite, même état que la précédente.

144. La même suite complète. Très-rares épreuves à l'état d'eau-forte.

145. Cinq pièces doubles de la suite précédente. Rares épreuves d'eau-forte.

146. Treize gravures in-8, d'après Carle et Horace Vernet, Hersent, Bergeret, Roehn, Garnier, pour l'édition de Saint-Surin, dont 3 portraits : Boileau, Racine, Louis XIV ; 6 sujets pour le Lutrin, et 4 pour les Satires, l'Art poétique, le passage du Rhin. Superbes épreuves avant la lettre, sur chine, à l'exception des portraits de Boileau et de Louis XIV.

147. La même suite avant la lettre, moins le portrait de Racine. Superbes épreuves, dont 4 sur chine.

148. La même suite complète. Très-rares épreuves à l'eau-forte, moins le portrait de Racine, dont l'eau-forte n'existe pas. Grandes marges.

149. Huit pièces doubles de la suite précédente, à l'état d'eau-forte. Superbes épreuves à grandes marges.

150. Huit gravures in-12, d'après Choquet, publiées dans la Bibliothèque française. Très-belles épreuves avant la lettre, sur chine.

BOSSUET.

151. Suite complète de 37 portraits et vignettes, pour les oraisons de Bossuet, Fléchier et Bourdaloue. Paris, Janet, 1820. Superbes et très-rares épreuves sur chine in-fol. avant la lettre.

152. La même suite complète, avant la lettre. Épreuves sur chine, sauf 2 pièces.

BOSSUET.

153. La même suite. Très-rares épreuves à l'état d'eau-forte, sur chine. Plusieurs pièces sont doubles en différents états. 6 pièces manquent pour que la suite soit complète.

154. 65 pièces doubles de la suite précédente, en différents états.

155. Douze gravures d'après différents maîtres, pour les Discours sur l'histoire universelle. Édition de Curmer. Superbes et rares épreuves avant la lettre et la bordure. Plusieurs pièces sont doubles en différents états. Manque 1 pièce.

156. La même suite complète, avec la lettre. Épreuves sur chine.

157. Réunion de portraits et vignettes pour l'illustration des Oraisons et des Discours. 139 pièces.

BOUFFLERS (Le Chevalier de).

158. Suite complète de 8 gravures in-8, d'après les dessins de Marillier, et 1 portrait d'après Hilaire Ledru, gravé par Gaucher, pour les œuvres. Très-belles épreuves, non rognées.

159. La même collection, augmentée de 8 nouvelles gravures in-8, d'après Monnet, Valin, Pennot et autres, pour l'édition en 2 volumes, publiée par Briand en 1813. Belles épreuves avant la lettre, non rognées.

CAYLUS (Mme de).

160. Quatre gravures et 1 portrait, dessinés et gravés par Flameng. Paris, J. Techener, 1860. Figures doubles avant et avec la bordure. Les épreuves avant la bordure sont sur chine volant.

161. La même suite, plus deux pièces doubles, sur chine, avant la bordure.

CAZOTTE.

161 *bis.* Douze gravures in-18, de Lefèvre, pour l'édition d'Ollivier. Didot, 1798. Superbes épreuves avant la lettre, à toutes marges.

162. La même suite, même état que la précédente.

163. La même suite. Belles épreuves avec la lettre.

CERVANTES (Suites pour Don Quichotte).

164. Vingt-trois Gravures in-8, gravées par Duflos, d'après Navarra, Monnet et autres, pour une édition espagnole. Épreuves avant la lettre, non rognées.

165. Suite complète de 24 gravures in-18, d'après Lefèvre et Lebarbier. Très-rares épreuves avant la lettre.

166. La même suite complète. Belles épreuves avec la lettre.

167. La même suite complète. Épreuves avec la lettre et avec une bordure ajoutée.

168. Seize Gravures in-8, de Stothard, avec un encadrement. Londres, 1782. Tirées du Novelist's Magasine.

169. Vingt-deux Gravures in-18, dont 5 fleurons de titres, d'après Corbould et Kirk, pour l'édition de Cooke. Londres, 1796 à 1798. Belles épreuves remargées. Deux pièces sont doubles avec ornements différents.

170. Suite complète de 19 gravures in-12, pour la traduction de Florian, publiées par Renouard. Très-rares épreuves avant la lettre, sur chine. 10 Pièces sont doubles en différents états. En tout 29 pièces.

171. La même suite complète. Très-rares épreuves à l'état d'eau-forte, plus deux pièces doubles, terminées avant la lettre, sur chine.

CERVANTES (SUITES POUR DON QUICHOTTE).

172. Douze Gravures in-18, à claire-voie, dont 4 titres gravés et 8 eaux-fortes, d'après Devéria, pour l'édition Desoer en 4 volumes in-18. Epreuves avant la lettre, sur chine.

173. La même suite complète, moins les 4 titres. Épreuves avant la lettre, sur blanc.

174. Onze Gravures in-18, à claire-voie, dont un portrait d'après les dessins de Charlet. Épreuves avant la lettre, sur chine et avant l'indication du tome dans le haut de la planche.

175. Six Gravures in-8, dont un portrait d'après Devéria, pour l'édition de Filleau de Saint-Martin, publiées par Delonchamps. Rares épreuves avant la lettre, sur chine. Le portrait est double à l'état d'eau-forte.

176. Quatorze Pièces doubles de la suite précédente. Épreuves avant la lettre, sur blanc et sur chine.

177. Suite complète avant la lettre, de 18 gravures in-8, d'après Horace Vernet, Eugène Lami et Desenne, pour Don Quichotte et Les Pèlerins du Nord. Édition de Méquignon-Marvis, 1822. Superbes et rares épreuves de tirage in-fol., sur papier de Chine double. A cette suite est ajouté le portrait de Cervantes à l'eau-forte.

178. La même suite complète, avant la lettre. Rares épreuves de tirage in-fol., sur blanc.

179. Quatorze Pièces doubles avant la lettre, de format in-fol., de la suite précédente. Épreuves sur chine, sauf 2 pièces.

180. La même suite complète à l'état d'eau-forte, plus 3 eaux-fortes inédites, dont le portrait de l'auteur et 2 eaux-fortes d'après Johannot, pour Don Quichotte, en tout 23 pièces. Collection très-rare à trouver aussi complète.

CERVANTES (Suites pour Don Quichotte).

181. La même suite complète à l'eau-forte, plus 2 eaux-fortes inédites, dont le portrait de l'auteur. 20 pièces.

182. Collection complète des 12 pièces, d'après Vernet et E. Lami, pour Don Quichotte. Épreuves avant la lettre.

183. Suite complète de 24 gravures in-18, d'après les dessins de Westall, pour Don Quichotte. Superbes épreuves avant la lettre, sur chine, de format in-4, et renfermées dans le portefeuille de publication.

184. Quatre Gravures in-18, dont 2 fleurons de titres, d'après Uwins, gravées par Waren. Épreuves avant la lettre, sur chine.

185. *Soixante-quatorze Gravures in-8 tirées in-fol. dont 14 fleurons de titres, d'après les dessins de Smirke, pour Don Quichotte. Londres, 1818, chez Cadel et Davies.*

Superbe exemplaire unique, rassemblé par John Pye, artiste distingué, à qui les épreuves ont été offertes, ainsi que le prouvent les dédicaces au bas des gravures avec la signature des artistes. Presque toutes sont avant le petit encadrement qui a été mis à toutes les planches pour l'uniformité de la collection, et avant les noms des éditeurs au milieu du bas, avec les noms des artistes à la pointe ou avant toutes lettres.

Sur un des feuillets précédant la collection, l'on a réuni les signatures autographes des graveurs et une note de la main de Robert Smirke, le peintre de cette belle collection.

Exemplaire relié en 1 volume in-folio, provenant de la vente après décès de John Pye, où il fut acquis par M. Sieurin. Les épreuves sont sur chine.

186. La même suite complète. Superbes épreuves du 1er état, avant la lettre, sur chine, renfermées dans un portefeuille. A cette suite sont ajoutés 2 portraits de Cervantes et De Smirke, dessinés par Baudet Baudeval.

187. Vingt Pièces doubles en différents états de la suite précédente.

188. Réunion de portraits et vignettes françaises et anglaises, pour Don Quichotte. 53 Pièces.

CHATEAUBRIAND.

189. Vingt-cinq Vignettes in-8, pour les œuvres de Chateaubriand, d'après les dessins de MM. Alfred et Tony Johannot, publiées par Furne en 1832. Epreuves sur chine.

190. La même collection, augmentée de dix pièces et publiées en 1833. Epreuves sur chine.

191. Onze Gravures in-8, d'après Lebarbier, Chaudet, pour l'é-
dition originale publiée par Lenormand; 2 sont avant la
lettre et 1 à l'eau-forte. La Collection est de 9 sujets, dont
nous n'avons ici que 4 différents.

192. Suite complète de 9 gravures in-18, d'après Lebarbier
et Chaudet, pour l'édition in-18 de Lenormand. Epreuves
avant la lettre.

193. Six Gravures in-12, de Garnier, gravées par Choffard et
St-Aubin, pour Atala, René. Edition originale de Lenormand, 1805. Rares épreuves avant la lettre.

194. Quatre Pièces doubles avant la lettre, de la suite précédente.

195. Quatre Gravures in-8, d'après les Dessins d'Alaux, gravées
par Burdet, pour Atala, René et le Dernier Abencerage.
Edition de Lefèvre, 1830. — Trois gravures in-8, d'après
Devéria, pour les mêmes romans. 7 Pièces avant la lettre
sur chine, de format in-fol. Trois pièces sont doubles à
l'eau-forte.

196. Les mêmes suites avant la lettre, et une pièce double
à l'eau-forte.

197. Vingt et une Pièces avant et avec la lettre, tirées des
deux suites précédentes.

198. Portraits de Chateaubriand, Vignettes d'après Staal,
Johannot, Desenne, Alaux, David, Devéria et Colin, pour les
œuvres de Chateaubriand. 165 pièces avant et avec la lettre.

CHÉNIER (M.-J.).

199. Suite complète de trois gravures in-8, de Borel, pour Charles IX. Très-rares épreuves avant la lettre, à toutes marges.

CLERMONT (Mlle DE).

200. Suite complète de cinq vignettes, d'après Desenne, dont 1 portrait. Deux suites dont une à l'état d'eau-forte.

COLARDEAU.

201. Suite complète de 12 gravures in-8, d'après Monnet, dont 1 portrait, pour l'édition de 1799. Cette collection est ainsi répartie : 7 Gravures pour le Temple de Gnide, — 3 pour le Théâtre, — 1 gravure pour Héloïse et 1 portrait. Très-rares épreuves avant la lettre, sauf une qui est avec. Deux pièces sont doubles, à l'état d'eau-forte.

202. Cinq pièces doubles avec la lettre, de la suite précédente.

CONTES DES GÉNIES (LES).

203. Six Gravures in-8, de Stothard, avec un encadrement, parues dans le Novelist's Magasine.
14 gravures in-8, de Graig, dont 2 titres. En tout 20 pièces.

204. Six Gravures in-8, de Marillier. Épreuves avec marges.— 9 Gravures in-18, publiées par Cooke. Épreuves remargées. — 14 Gravures in-8, de Taylor et Walker, en tout 29 pièces.

205. Huit Gravures in-18, de Westall, dont 2 titres. Superbes épreuves avant la lettre, in-4.

206. La même suite complète, avant la lettre, sur chine.

CORNEILLE (P.) (ŒUVRES DE).

207. Suite complète de 26 gravures in-8, d'après Moreau et Prud'hon, dont les portraits de Pierre et Th. Corneille, gravés par St-Aubin, pour l'édition Renouard, 1817. Superbes et très-rares épreuves avant la lettre, de format in-4. Cinq pièces sont doubles, avant la lettre, sur chine.

208. La même suite complète, avant la lettre. 3 Pièces sont avec la lettre.

209. La même suite, avant la lettre, manque 4 pièces et 3 sont avec la lettre, ainsi que les 2 portraits.

210. Quatorze pièces doubles de la suite précédente. Très-rares épreuves à l'état d'eau-forte. Une pièce est double.

211. La même suite avec la lettre, manque 5 pièces et le portrait de Th. Corneille.

212. Suite complète de 35 gravures in-8, d'après Gravelot, pour l'édition de 1764. Très-rares épreuves du 1er état, avant la bordure ; il n'existe pas d'avant la lettre de cette collection. Les épreuves sont remargées.

213. Sept Pièces doubles de la suite précédente. Épreuves avant et avec la bordure.

214. Dix-sept Gravures in-12, de Devéria, pour les chefs-d'œuvre de Pierre et Th. Corneille, dans la Bibliothèque française, de Menard et Desenne. Épreuves avant la lettre.

CRÉBILLON.

215. Suite complète de neuf vignettes, d'après Moreau, avant la lettre et un portrait par St-Aubin, pour les œuvres publiées par Renouard en 1818. Superbes épreuves à toutes marges.

215 bis. — La même suite. Superbes épreuves du même état que la précédente.

CRÉBILLON.

216. La même suite. Six pièces avant la lettre et le portrait. Superbes épreuves.

217. Cinq pièces de la suite précédente. Très-rares épreuves à l'état d'eau-forte, avec grandes marges.

218. La même suite, avec la lettre. Très-belles épreuves non rognées.

219. Suite complète de 10 gravures in-8, de Marillier, dont un portrait. Superbes épreuves avant la lettre du deuxième état, avec le titre du sujet au haut de la gravure.

220. Cinq pièces de la suite précédente. Très-rares épreuves du 1er état, avant la lettre, et avant le titre du sujet au haut de la gravure.

221. La même suite avec la lettre. Très-belles épreuves à toutes marges, à l'exception de deux pièces qui sont remontées.

222. Suite complète de dix gravures in-8, de Peyron. Superbes épreuves avant la lettre. La gravure d'Atrée est avec la lettre et avec l'eau-forte.

223. La même suite. Très-belles épreuves avec la lettre.

224. Suite de sept gravures in-8, de Devéria. Très-rares épreuves avant la lettre et avant le titre du sujet au haut de la gravure; sur chine, à l'exception de trois. Plusieurs portent la signature de Devéria.

225. La même suite. Très-belles épreuves avant la lettre, avec le titre au haut de la gravure; sur chine.

226. La même suite. Épreuves du même état que la précédente, sur blanc.

227. La même suite. Très-rares épreuves à l'état d'eau-forte, sur chine.

CREBILLON.

228. La même suite, du même état, sur blanc.

229. La même suite. Belles épreuves avec la lettre.

230. Dix gravures in-12, de Devéria, pour la Bibliothèque française. Epreuves avant la lettre.

DELAVIGNE (Casimir).

231. Deux suites complètes de vingt-trois gravures, dont deux titres, d'après Devéria, pour les œuvres publiées par Ladvocat en 1823 et 1824. Epreuves avant la lettre sur chine. Trois pièces dans la seconde suite sont avec la lettre.

232. Douze gravures in-18, de Tony Johannot, plus un portrait de Delavigne, publiés par Furne. Epreuves avant la lettre sur chine, sauf deux pièces.

233. Réunion de portraits et vignettes d'après Devéria, Johannot, Desenne, etc., pour les œuvres de Delavigne; 35 pièces.

DELILLE (Jacques).

234. Dix-huit gravures in-8, d'après Moreau, Desenne, Devéria, Gérard, Girodet, Westall, pour les œuvres publiées par Michaud, 1824. Superbes épreuves avant la lettre sur chine, plus les seize fleurons de titres, dessinés par Desenne et gravés sur bois par Thompson, en épreuves sur chine volant.

235. Treize gravures in-8, d'Alfred et Tony Johannot, dont trois portraits : Virgile, Milton, Delille, publiées par Furne. Epreuves avant la lettre sur chine, sauf le portrait de Milton qui est sur blanc.

236. Seize gravures in-8, d'après Gérard, Girodet, etc., gravées à Londres par Fittler et Bartolozzi, pour les œuvres

DEMOUSTIER.

237. Suite complète de trente-six gravures de Moreau le jeune, avant la lettre, et un portrait de l'auteur gravé par Tardieu, pour les Lettres à Emilie. Superbes épreuves de format in-4; à cette suite sont ajoutés cinq portraits de Demoustier, dont un à l'eau-forte et un autre avant la lettre.

238. Vingt-huit pièces avant la lettre de la suite précédente, plus deux portraits de l'auteur, par Gaucher et Tardieu. Plusieurs pièces sont doubles, à l'état d'eau-forte.

239. Treize pièces avant la lettre de la suite précédente.

240. La même suite complète à l'état d'eau-forte, plus deux portraits de l'auteur par Tardieu et Gaucher. Superbes épreuves sur grand papier non ébarbé, de format in-4.

241. La même suite complète avec la lettre, plus les portraits de l'auteur, par Gaucher et Tardieu.

242. Suite complète de dix-huit gravures in-12, de Desenne. Avant la lettre, pour la bibliothèque française. A cette suite sont ajoutés quatre portraits de l'auteur, par Devéria et autres.

243. Quarante-huit gravures in-8; de la Galerie mythologique de François Stœber, plus vingt et une pièces diverses de Desenne et Deveria pour le même ouvrage. En tout 69 pièces.

DESHOULIÈRES (Mme).

244. Trois gravures in-18, de Marillier, et un portrait, par Rochart, pour les œuvres. Rares épreuves avant la lettre. Elles sont remontées.

DESTOUCHES.

245. Suite complète de onze gravures in-8, dont un portrait, gravées d'après Fragonard fils, pour les œuvres dramatiques. Superbes et rares épreuves avant la lettre à l'état d'eau-forte. Elles ont toutes leurs marges.

DESTOUCHES.

246. Suite complète de douze gravures in-8, d'après Laffitte, dont un portrait gravé par Macret. Très-belles épreuves, mais remontées. Quatre pièces sont doubles avant la lettre.

247. Huit pièces doubles de la suite précédente. Très-rares épreuves avant la lettre, avec grandes marges, plus deux pièces tirées du répertoire du Théâtre-Français pour l'Homme singulier et le Philosophe marié.

DIBDIN (Le Rév. Tho. FROGNALL).

247 *bis*. Dix-neuf gravures in-8, dont un portrait de Dibdin, publiées à Londres par R. Jennings, 1829. Superbes épreuves sur chine.

DIDEROT.

248. Quatre gravures in-8 de Lebarbier, pour la Religieuse. Edition publiée par Deroy, Moller et Mongie, an VII. Épreuves avant la lettre, à grandes marges. Manque le portrait.

249. La même suite complète avec la lettre, avec le portrait gravé par Dupréel.

250. Portraits de Diderot et vignettes d'après Marillier, Uwins, Devéria et autres, pour illustrer le même ouvrage, quatorze pièces.

DIVERS.

251. Suite de neuf gravures in-8, d'après Devéria, pour la Satyre Menippée. Epreuves avant la lettre sur chine, in-fol.

252. Salon d'Horace Vernet, ou collection gravée d'après les tableaux exposés chez lui en 1822. Quinze pièces sur chine avant la lettre.

DIVERS.

253. Vingt-deux gravures in-8, gravées par Couché, pour la campagne d'Espagne en 1823. Epreuves sur chine.

254. Suites diverses, d'après Stothard, Corbould, etc., tirées du Novelist's Magasine. Cent vingt-huit pièces.

255. Suites diverses tirées du Select Novels, édité par Cooke, et du Spectator. Quarante-huit pièces.

DORAT.

256. Suite complète de cinq gravures in-8, d'après Eisen, pour la déclamation théâtrale. Superbes épreuves avant la lettre avec marges.

257. Quatre gravures in-8, d'après Marillier, pour les tragédies. Très-belles épreuves avant la lettre, avec marges.

DUCIS (J.-F.).

258. Dix gravures in-8 et un portrait, d'après Gérard, Girodet, Desenne et Colin, pour les œuvres. Belles épreuves avant la lettre. A cette suite est ajoutée une gravure in-8, d'après Colin, représentant Ducis au lit de mort de son ami Thomas. Deux épreuves avant la lettre et à l'eau-forte.

259. Quatorze gravures in-18, dont un portrait d'après Gérard, Girodet et Desenne. Epreuves avant la lettre.

260. Dix pièces doublés des deux suites précédentes.

DUCLOS (Ch.).

261. Suite de sept gravures grand in-8, d'après Desrais, pour les Confessions du comte de ***. Superbes épreuves avec marges.

262. Portraits de Duclos et vignettes d'après Boucher, Cochin, pour ses œuvres. Dix-sept pièces.

DULAURENS.

263. Neuf gravures in-12 pour le Compère Mathieu. Belles épreuves.

FÉNELON (Suites pour Télémaque).

264. Suite complète de sept gravures d'après Cochin, pour Télémaque. Édition Didot, 1790. Cette collection avait été commencée pour une édition de Bruxelles, 1776, petit in-fol., texte gravé par Drouet, et arrêtée au VIe livre. Superbes épreuves avant la lettre, avec marge. Suite très-rare à trouver complète.

265. Cinq pièces doubles de la suite précédente. Superbes épreuves avant la lettre, sauf une. Grandes marges.

266. La même suite complète avec la lettre, plus les six en-tête de livres et le fleuron de la fin, d'après Eisen, Moreau et Lebarbier.

267. Vingt-quatre gravures in-8, de Marillier, et portrait gravé par Hubert, d'après Vivien, pour Télémaque. Superbes épreuves avant la lettre, à toutes marges, le portrait est double avant les noms des artistes.

268. La même suite. Superbes épreuves de la même condition que la précédente.

269. Suite complète de vingt-six gravures in-8, de Moreau, publiées par Renouard, dont un portrait gravé par Delvaux et une gravure pour Aristonoüs. Superbes épreuves avant le double filet d'encadrement. Plusieurs pièces sont doubles, sur chine ou avec différences. En tout trente pièces.

270. La même suite avant la lettre, manque quatre pièces pour que la suite soit complète. Superbes épreuves.

271. Seize pièces de la suite précédente. Très-rares épreuves à l'état d'eau-forte avec de grandes marges. Deux pièces sont doubles, dont une sur papier de Chine.

FÉNELON (SUITES POUR TÉLÉMAQUE).

272. La même suite complète. Très-belles épreuves avec la lettre.

273. Suite complète de vingt-cinq gravures in-18, de Lefèvre, dont un portrait gravé par Delvaux. Superbes épreuves avant la lettre, tirées sur format in-8.

274. La même suite. Très-belles épreuves avant la lettre.

275. Neuf gravures in-18, de Metz, Kick, Corbould, pour l'édition de Cook, 1794. Le titre se répète et une gravure est double, avec ornements différents. Epreuves remontées.

276. Dix-neuf gravures in-18, gravées sur bois, d'après Pagnier, pour la dernière édition de Lefèvre. Deux suites rares sur chine volant.

FIELDING (SUITE POUR TOM JONES DE).

277. Suite complète de 12 gravures in-8, de Moreau, pour Tom Jones. Deux pièces ont été gravées deux fois : 1° l'Enfant dans le lit a été gravé par M. Courbe, en sens inverse de celle de Simonet père ; 2° Tom, le bras en écharpe, a été gravé par Hulk en 1815, et est dans le même sens que celle de Simonet, qui porte la date de 1816. Superbes épreuves avant la lettre, à grandes marges. En tout, quatorze pièces.

278. Huit pièces de la suite précédente. Très-rares épreuves à l'état d'eau-forte, avec grandes marges.

279. Douze gravures in-8, de Stothard, avec un encadrement. Londres, Harrison, 1780. Belles épreuves.

280. Seize gravures in-8, d'après Gravelot, gravées à l'eau-forte par J. Punt ; gravures originales. Très-belles épreuves remontées.

281. La même suite, gravée par Fessard, Pasquier et Aveline. Une pièce manque pour que la suite soit complète.

FIELDING (Suites pour Tom Jones de).

282. Neuf gravures in-8, de Borel, dans les romans de Laplace. Belles épreuves avec la lettre.

283. Quatre pièces doubles de la suite précédente. Très-rares épreuves avant la lettre, avec grandes marges.

284. Neuf gravures in-18, de Borel, réduction des précédentes. Très-rares épreuves avant la lettre, à toutes marges.

285. Quatre gravures in-18, anglaises, dont 3 fleurons de titres. Epreuves sans lettres. Deux gravures d'Uwins pour le même ouvrage. En tout six pièces.

286. Vingt-six gravures in-18 de Corbould, dont un portrait, les titres se répétant, et 5 gravures doubles, avec des ornements différents. Edition de Cooke, 1792. Collection rare. Les épreuves sont remontées de format in-8.

287. Treize gravures in-18, de Clenel. Londres, 1811. Sherwood, Neely et Jones. Suite rare. Très-belles épreuves remontées.

288. Treize gravures in-8, de Westall, Devis, Uwins, Oven et Clenel. Londres, Reynel et C. Chapple. Suite rare à trouver complète. Très-belles épreuves sur chine.

289. Quatre gravures in-8 et deux fleurons de titres, de Tony Johannot, publiés par Furne. Très-rares épreuves avant la lettre. Les deux titres sont sur Chine, une pièce est double à l'eau-forte et une autre aussi double sur chine. Furne n'ayant pas tiré d'avant la lettre, on ne peut que rencontrer les épreuves d'artistes.

290. La même suite. Superbes épreuves sur chine, plus un titre et une vignette avant la lettre.

291. La même suite. Très-belles épreuves sur blanc.

292. Dix-sept portraits et vignettes diverses pour le même ouvrage.

FLORIAN.

293. Quarante-quatre gravures in-8, dont un portrait, d'après Queverdo, Lebarbier, Monnet et Marillier, pour les œuvres. Belles épreuves avant la lettre.

294. Dix-huit gravures in-8 et un portrait pour les Fables, édition de Debure. Belles épreuves avant la lettre.

295. Sept gravures in-18, pour les Nouvelles, Bliombéris, Pierre, Célestine, Sophronime, Sanche et Bathmondi. Belles épreuves remontées.

296. Six gravures in-18, de Lebarbier, dont un titre pour Galathée. Belles épreuves avec marges, une pièce est double avant la bordure.

FOÉ (Daniel de). (Suites pour Robinson Crusoé).

297. Dix-neuf gravures in-8, d'après Stothard et Duvivier, gravées par Delvaux. Pour l'édition de Panckoucke, 1800. Superbes épreuves avant la lettre, avec marges. Une pièce est remargée.

298. Suite complète de vingt-deux gravures in-8, dont deux fleurons de titres, de Stothard, gravées par Charles Heath. Superbes et premières épreuves avant toutes lettres sur chine, in-fol., renfermées dans le portefeuille de publication. Rare.

299. Quatorze gravures in-18, de Stothard, Allen, Kirck, publiées par Cooke, en 1793. Trois titres se répètent, ainsi que deux gravures avec entourages différents, plus deux titres refaits pour une édition postérieure. Seize pièces remargées.

300. Sept gravures in-8, de Stothard, tirées du Novelist's Magasine. Collections d'après Devéria. Vingt-huit pièces.

GALLAND.

301. Suite compléte de six gravures, d'après Westall, pour les Mille et une Nuits, pour l'édition publiée par Galliot, 1822-1825. Épreuves avant la lettre, sur chine.

302. 21 Gravures in-8, d'après Chasselat, pour les Mille et une Nuits, publiées par Ed. Gautier. Épreuves avec la lettre.

303. Huit Gravures in-8, de Graig, pour une édition publiée à Londres, 1808. 15 Gravures in-8, de Stothard, tirées du Novelist's Magazine de 1791. 23 Pièces. Les premières sont remargées.

304. Douze Gravures in-18, de Westall, pour une édition anglaise. Superbes épreuves avant la lettre, sur chine in-4.

305. Huit Gravures in-18, d'Uwins, dont 4 fleurons de titres. Superbes épreuves avant la lettre, sur chine.

306. Dix-huit Gravures in-18, dont 3 fleurons de titres, de Corbould, pour une édition de Cooke, 1799 à 1800. Chaque gravure a un ornement différent. Collection rare.

307. Six Gravures in-8, de Smirke, publiées par Longmann. Londres, 1810. Belles épreuves sur chine. Rare.

308. Suite complète de 24 gravures, grand in-8, de Smirke, publiées à Londres en 1802, par W. Miller. Superbes épreuves du 1er état, avant la lettre, avec les noms des artistes à la pointe sèche, avant la tablette ombrée dans la marge du bas. Collection de la plus grande rareté en cet état.

309. Sept Gravures in-8, dont un fleuron de titre, d'après Smirke, pour une édition anglaise. Superbes épreuves avant la lettre sur chine, in-4.

310. Trois Gravures in-8, d'après Julien Potier, pour l'édition publiée en 1828, par Dondey-Dupré. Epreuves avant la lettre sur chine, avec la lettre sur blanc et les eaux-fortes; en tout 11 pièces, dont deux doubles, terminées en différents états.

GALLAND.

311. Douze Gravures in-8, de Marillier, portant en haut : Contes inédits des Mille et une Nuits, n⁰ˢ 1 à 12. — 15 Gravures in-8 de Marillier, pour le Cabinet des Fées, n⁰ˢ 19 à 33. En tout 28 pièces, dont une double avant le numéro.

312. Soixante-deux Pièces, tirées des éditions Pourrat, Furne, etc. Beaucoup sont sur chine, avant la lettre.

313. Défets de différentes suites et vignettes anglaises séparées. 48 Pièces. Beaucoup sont sur chine, avant la lettre.

GESSNER (Suites pour les Œuvres de).

314. Suite complète de 51 vignettes, d'après Moreau, avant la lettre, dont trois portraits; le portrait d'Huber est double avant la lettre. Le chant III de la Mort d'Abel s'y trouve trois fois par trois graveurs différents. Superbes épreuves sur grand papier, non-ébarbées. Plusieurs pièces sont doubles. En tout 61 pièces.

315. Dix-huit pièces doubles, avant la lettre, de la suite précédente. Belles épreuves.

316. Douze pièces de la même suite, avec la lettre et la bor-

317. Suite complète de 18 gravures in-18, de Marillier, pour l'édition Cazin. Superbes épreuves avec grandes marges, une pièce est double à l'état d'eau-forte.

318. Dix-neuf gravures in-18, de Borel, tirées des Idylles de Berquin. — Trois gravures in-8, de Boizot, pour la Mort d'Abel. — 6 Gravures in-18, d'après Lebarbier. Vignettes par Monnet, Marillier, Devéria et autres. — Cinq portraits différents de Gessner. Belle réunion, pouvant s'ajouter à l'édition Renouard. 50 pièces presque toutes avant la lettre.

GILBERT (Œuvres de).

319. Quatre gravures et 1 portrait, d'après Desenne, pour l'édition de Dalibon, 1823. Suite double avant la lettre et à l'eau-forte. Très-belles épreuves sur chine.

320. Trois gravures in-12 et 1 portrait de Desenne, dans la Bibliothèque française. Suite double avant la lettre, sur blanc et sur chine.

GŒTHE (Suites pour Werther).

321. Trois Gravures in-8, de Moreau, édition de 1809. Superbes épreuves avant la lettre, avec marges. La gravure de Werther aux genoux de Lotte est double avant le second filet d'encadrement. A cette suite sont ajoutés le portrait de Werther, par Boilly, avant la lettre, et celui de Goethe, gravé par Lipse.

322. La même suite, avant la lettre, avec grandes marges. La gravure de Werther aux genoux de Lotte est avant le second filet d'encadrement, plus 1 portrait de Goethe, par Geyser et 1 portrait de Werther par Chodowiecki.

323. La même suite avant la lettre, plus le portrait de Werther, par Chodowiecki.

324. La même suite complète. Très-rares épreuves à l'eau-forte, avec marges.

325. Portraits de Lotte, de Werther et de Goethe, d'après Chodowiecki. Très-belles épreuves avec marges. Rares.

326. Quatre Gravures in-8, d'après Tony Johannot, gravées par Burdet, pour Werther. Edition Crapelet, 1845. Trois de ces gravures furent publiées après la publication du livre. Superbes épreuves avant la lettre, sur chine.

327. La même suite avant la lettre, sur blanc.

GŒTHE (Suites pour Werther).

328. La même suite avec la lettre.

329. La même suite. Très-rares épreuves à l'eau-forte.

330. Dix Gravures in-8, gravées à l'eau-forte, par Tony Johannot. Superbes et très-rares épreuves avant la lettre, sur chine, in-fol., plus deux portraits de Goethe et 1 dessin, portrait de Johannot, par Baudet Bauderval.

331. La même suite complète, avant la lettre, sur chine in-fol.

332. Réunion de portraits et vignettes diverses, pour Werther. 22 Pièces.

GŒTHE (Suites pour Faust).

333. Vingt-six Pièces petit in-4, en travers, lithographiées par Muret. Épreuves sur chine, plus 12 portraits et vignettes diverses pour Faust.

334. Dix Gravures in-8, de Tony Johannot, dont 1 portrait d'après Carl Mayer, gravé par Langlois, publiées dans le Faust de M. Henri Blaze. Superbes épreuves avant la lettre, sur papier de Chine in-fol.

335. La même suite avant la lettre, même condition que la précédente. Ces deux collections proviennent de la vente de Johannot.

GOLDSMITH (Suites pour le Vicaire de Wakefield).

336. Suite de 10 gravures in-8, avec la lettre, sur chine in-fol., d'après Johannot, pour le Vicaire de Wakefield, traduction de Ch. Nodier, 1838.

337. Huit Gravures in-8, à angles coupés, de Stothard et Burney. Londres, 1805. Epreuves remargées.

338. Six Gravures in-8, de Stothard, gravées par Parker. Londres, 1792. Très-rares épreuves avant la lettre, remargées.

GOLDSMITH (Suites pour le Vicaire de Wakefield).

339. Cinq Gravures in-18, de Westall. Très-rares épreuves avant la lettre, sur chine.

340. Deux Gravures in-18, de Stothard, avec la lettre, sur chine. 2 Gravures in-18, d'Uwins, avant la lettre, sur chine. — 2 Gravures de Corbould, remargées. — 3 Gravures in-18, de Tomkins, 1797, remargées. — 4 Gravures in-18, de Campbell, remargées. 13 Pièces.

341. Huit Gravures in-18, de Corbould, pour l'édition de Cooke; plusieurs pièces sont doubles avec des ornements différents, remargées. A cette suite sont ajoutés 22 gravures et portraits divers pour le même ouvrage.

GRAFFIGNY (Mme DE).

342. Suite complète de neuf gravures in-18, d'après Lefévre, dont 1 portrait gravé par Delaunay, pour les Lettres d'une Péruvienne. Edition de Didot, 1797. Très-rares épreuves avant la lettre.

343. Quatre Gravures in-12, d'après Corbould et Kirck, pour l'édition de Cooke. — 2 Gravures in-8, de Stothard, publiées par Harrison. — 5 Gravures in-12, dont un portrait, de Devéria, pour la Bibliothèque française. Epreuves avant la lettre. — 2 Gravures in-32, dont 1 fleuron de titre de Desenne, pour l'édition de Werdet et Lequien. Suite double avant la lettre et à l'eau-forte, plus 7 portraits de Mme de Graffigny. En tout 21 pièces.

GRÉCOURT (Œuvres de).

344. Suite complète de neuf gravures in-8, d'après Fragonard fils, dont un portrait gravé par Dupréel, pour l'édition de Chaigniau, 1796. Très-belles épreuves avant la lettre, nonrognées.

GRÉCOURT (ŒUVRES DE).

345. La même suite. Belles épreuves avec la lettre.

GRESSET.

346. Suite complète de 9 gravures in-8, d'après Moreau, dont un portrait, d'après Nattier, par St-Aubin, pour l'édition des œuvres. Renouard, 1811. Superbes et très-rares épreuves avant la lettre, avec grandes marges.

347. La même suite avant la lettre, de la même condition qui la précédente.

348. La même suite avant la lettre, manque deux pièces et une est avec la lettre.

349. La même suite complète. Très-rares épreuves à l'état d'eau-forte. 8 Pièces, le portrait n'existant pas en cet état.

350. Quatre Gravures in-8, avant la lettre, non signées, pour Vert-Vert. Superbes épreuves avec grandes marges.

351. Trois Gravures in-8, non signées, pour le Méchant, Édouard III, Sidnei, plus 1 gravure in-8, de Perin, pour le Méchant, tirée du Répertoire du Théâtre-Français.

352. Trois Gravures in-8, non signées, pour les mêmes pièces. Très-rares épreuves à l'état d'eau-forte, sans aucunes lettres.

353. Suite de 7 gravures grand in-8, de Monnet, avec entourages ornementes, pour les œuvres. Superbes épreuves avant la lettre, sauf 1 pièce qui est avec la lettre. Deux pièces sont doubles à l'état d'eau-forte, et une pièce sans noms d'auteurs et sans encadrement est ajoutée à cette suite. En tout dix pièces.

354. Suite complète de 6 gravures in-18, de Moreau, plus le portrait gravé par St-Aubin, pour l'édition Saugrain. Très-rares et superbes épreuves avant la lettre, à grandes marges; une est remontée.

GRESSET.

355. La même suite complète, dont une pièce avec la lettre. Epreuves remargées.

356. La même suite complète, plus le portrait de St.-Aubin. Epreuves avec la lettre, toutes marges.

357. Neuf Gravures in-12, de Devéria, dont un portrait pour la Bibliothèque française. Épreuves sur chine, avant la lettre.

HAMILTON (ŒUVRES DU COMTE ANTOINE).

358. Quatre gravures in-8, de Moreau, avant la lettre, et huit portraits, gravés par St.-Aubin, pour l'édition de Renouard, 1812. A cette suite est ajoutée une gravure de Moreau, gravée par Devilliers et Boscq, tirée des fabliaux de Legrand d'Aussy, pour le Belier, avant la lettre, sur chine. Superbes épreuves avec marge.

359. Trois pièces avant la lettre, de la suite précédente, plus le sujet de Moreau, tiré des Fabliaux, indiqué ci-dessus. Quatre pièces. Très-belles épreuves avec marges.

360. La même suite, y compris la pièce de Moreau, tirée des Fabliaux. Très-rares épreuves à l'état d'eau-forte, avec marges, plus cinq portraits différents, dont 1 avant la lettre, deux à l'eau-forte et 4 sur chine. En tout douze pièces.

361. Huit gravures in-12, de Choquet, pour les Mémoires de Grammont. Très-belles épreuves avant la lettre, sur chine volant.

362. Quatre Gravures in-32, de Desenne, dont 2 fleurons de titres, pour l'édition Werdet (Mémoires). Suite double en épreuves sur chine, avant la lettre et à l'eau-forte.

363. Soixante-quatre Portraits in-8, gravés par Scriven, pour les Mémoires de Grammont. Édition anglaise. Belles épreuves. Rare.

HERVEY.

364. Quatre Gravures in-8, d'après Westall, pour les Méditations. Epreuves sur chine in-4.

HOMÈRE.

365. Suite complète de 3 gravures in-8, d'après Cochin, pour
l'Iliade. Très-rares épreuves avant la lettre, à toutes marges.

366. La même suite. Très-belles épreuves avec la lettre.

367. Suite complète de 25 gravures in-8, de Marillier, pour
la traduction de Gin. Superbes épreuves avant la lettre avec
encadrement, à toutes marges de format in-fol.

368. La même suite avant la lettre. Deux pièces manquent
pour que la suite soit complète.

HORACE.

369. Douze gravures in-8, en travers de l'édition in-fol. de
Didot, dessinées par Percier. Rares épreuves avant l'indication du livre au milieu du bas de la gravure.

370. La même suite complète, format grand in-4, avec l'indication du livre.

371. Réunion de portraits et vignettes pour illustration des
œuvres d'Horace. 82 pièces.

JOHNSON (Samuel).

372. Quatre gravures in-8, de Westall. — 3 gravures in-8 pour
l'édition de Cooke, dont une répétée 3 fois avec des ornements différents. — 2 gravures in-18 dont un portrait de
Johnson sur le titre. — 4 gravures d'Uwins, etc. En tout
21 pièces pour l'histoire de Rasselas, prince d'Abyssinie.

LACRETELLE.

373. Suite complète de 16 gravures in-18, de Moreau et Bertaut, pour les Précis de la Révolution. Très-belles épreuves dans leur couverture de publication.

374. La même suite. Très-belles épreuves sur chine volant.

LAFONTAINE (Suites pour les Œuvres).

375. Suite complète de 25 gravures in-8 et un portrait gravé par Ribault, d'après les dessins de Moreau, pour l'édition de 1814, plus le Passage du Torrent, d'après Leguay, par Heina. Epreuves avant la lettre. A cette suite sont ajoutées 13 pièces dont le portrait avec la tablette entièrement blanche. — Daphnis et Alcimadure du 1er état avec 2 filets d'encadrement très-légers et avant beaucoup de travaux. — Le Savetier et le Financier, avant l'encadrement. — Les Deux pigeons, sans aucune lettre, ainsi que le conte du Quiproquo. Les autres pièces doubles sont sur chine ou avec différences. Superbe collection, très-rare de cette condition.

376. La même suite, 26 pièces avant la lettre dont le portrait de Lafontaine double avec la tablette entièrement blanche. Deux pièces manquent pour que la suite soit complète. Deux pièces sont sur chine et deux autres sont remontées. Très-belles épreuves, mais inégales de format.

377. Dix-sept pièces doubles avant la lettre, y compris le portrait avec le nom sur la tablette blanche. Très-belles épreuves dont une avec la lettre.

378. Treize pièces de la suite précédente. Très-rares épreuves à l'état d'eau-forte d'une condition parfaite, avec grandes marges. Une pièce est double, d'un état de la planche presque terminé, plus le portrait de l'auteur avec le nom sur la tablette blanche.

LAFONTAINE (Suites pour les Œuvres).

379. Six pièces doubles de la suite précédente, à l'état d'eau-forte, plus le portrait avec le nom sur la tablette blanche. Une pièce est double.

380. La même collection, gravée une seconde fois pour l'édition de 1822. Suite complète de 27 pièces avant la lettre, la plupart sur chine. Deux sont remontées.

381. La même suite complète avant la lettre. Plusieurs sont sur chine et deux sont avec la lettre.

382. Vingt et une pièces avant la lettre de la suite précédente.

383. Douze pièces de la suite précédente. Très-rares épreuves à l'état d'eau-forte. Deux sont doubles en états différents.

384. Vingt-neuf pièces doubles des deux suites précédentes. Très-belles épreuves avant la lettre.

385. Vingt-cinq Pièces de la 2me suite. Belles épreuves avec la lettre.

386. Collection complète de 13 gravures in-8, d'après les dessins de Devéria, dont un portrait. Très-rares épreuves à l'état d'eau-forte. Quatre pièces sont doubles en états différents.

387. La même suite. Superbes épreuves avant la lettre, sur chine. Une pièce est double avec la signature de Devéria.

388. La même suite. Très-belles épreuves avant la lettre, sur blanc.

389. Suite complète de 13 gravures in-8, d'après Tony Johannot, dont un portrait ornementé. Très-rares épreuves à l'état d'eau-forte, moins le portrait qui n'existe pas en cet état.

390. La même suite complète avant la lettre. Superbes épreuves sur chine.

LAFONTAINE (Suites pour les Œuvres).

391. La même suite avant la lettre. Très-belles épreuves sur blanc.

392. Suite complète de 21 gravures in-18, d'après Desenne, pour la Bibliothèque française. Belles épreuves avant la lettre.

LAFONTAINE (Suites pour les Fables).

393. Collection complète de 12 gravures in-8, de Bergeret, pour l'édition de Charles Nodier. Très-rare exemplaire, composé de 25 épreuves d'essai en divers états terminés et d'eaux-fortes à différents degrés.

394. La même collection complète avant la lettre, sur chine. Superbes épreuves portant au bas de la première pièce cette inscription : *Très-belles épreuves tirées sous mes yeux. Bergeret.*

395. La même suite. Très-belles épreuves avant la lettre, sur blanc.

396. La même suite. Très-rares épreuves à l'état d'eau-forte.

397. Douze gravures in-8, en travers, par Percier, pour l'édition in-fol. des Fables de Lafontaine de Didot. Superbes épreuves dont plusieurs en premier état, avec les noms des artistes à la pointe sèche.

398. La même suite. Très-belles épreuves remontées.

399. Grands médaillons gravés à l'eau-forte, contenant chacun 9 sujets de fables. — Huit pièces faisant partie d'une suite que l'on présume être de douze, de la plus grande rareté. Les épreuves sont superbes mais remontées.

LAFONTAINE (Suites pour les Fables).

400. Suite de 24 gravures in-8, gravées sur bois par Jules David, publiées par Armand Aubré. Superbes épreuves sur chine. Dix pièces des sujets de fables sont avant la lettre. Une pièce manque pour que la suite soit complète.

La même suite. Belles épreuves.

401. Deux gravures in-18 de Desenne, gravées par H. Dupont: Le Berger et la mer, Daphnis et Alcimadure ; fleurons de titres pour l'édition in-18, publiée par Jombert. Rares épreuves avant la lettre, sur chine ; plus les mêmes sujets avec la lettre. Quatre pièces.

402. La même suite avant et avec la lettre. Epreuves sur papier blanc.

403. Deux gravures in-18, dessinées et gravées par Girardet L'Ours et les deux compagnons, — La Besace. Epreuves sur chine avant la lettre. — Cinq gravures in-8, gravées à l'eau-forte par Verbokoven. — Deux gravures in-18, de Desenne, gravées par H. Dupont : Le Berger et la mer, Daphnis et Alcimadure ; fleurons de titres pour l'édition in-18, publiée par Jombert. Epreuves très-rares avant la lettre, sur chine. En tout neuf pièces.

404. Suite complète de 258 gravures in-8 de Granville, sur bois. Très-rares épreuves tirées sur chine volant.

LAFONTAINE (Suites in-18 pour Psyché et Adonis).

405. Suite complète de 8 gravures in-18, d'après Moreau, et d'un portrait d'après Rigaud, gravés par Delvaux pour Psyché et Adonis. Très-rares épreuves avant la lettre.

406. Treize pièces doubles avant la lettre de la suite précédente. Très-belles épreuves.

LAFONTAINE (Suite in-8 pour Adonis).

407. Trois gravures in-8 d'Eisen, gravées par Ponce pour
Adonis, 1775. A cette suite est ajouté le titre avant la lettre,
qui est de la plus grande rareté. Superbes épreuves remontées.

LAFONTAINE (Suites in-4 pour Psyché et Adonis).

408. Suite complète de huit gravures in-4, d'après Moreau,
et d'un portrait d'après Rigaud, pour l'édition de Didot
jeune, an III. Superbes épreuves avant la lettre avec grandes
marges. A cette suite sont ajoutées quatre pièces doubles
de premier état, avant toutes lettres ou avec les noms des
artistes à la pointe sèche. Très-rares.

409. La même suite. Très-rares épreuves du 1er état avant
toutes lettres ou avec les noms des artistes à la pointe sèche.
Deux pièces sont à l'eau-forte. Deux sont remontées.

410. La même suite. Très-rares épreuves à l'état d'eau-forte
avec grandes marges. Une pièce est double par 2 graveurs
différents. Le portrait de Lafontaine n'existant pas à l'état
d'eau-forte, se trouve ici avant les noms des artistes.

411. Cinq gravures in-4, d'après Gérard, pour Psyché et
Adonis. Très-belles épreuves avant la lettre, avec grandes
marges.

412. La même suite, du même état que la précédente.

LAFONTAINE (Suites in-8 pour les Contes).

413. Suite complète de 8 gravures in-8, de Marillier. Superbes
et très-rares épreuves du 1er état, avant la pagination et
l'indication du tome dans le haut de la gravure. Trois pièces
sont doubles, dont une à l'état d'eau-forte.

414. Cinq pièces de la suite précédente. Très-belles épreuves
du même état.

LAFONTAINE (Suites in-8 pour les Contes).

415. La même suite complète tirée de format in-4. Très-rares épreuves sur chine.

416. Suite de 71 vignettes d'après Duplessis-Bertault, pour l'édition Cazin. Très-rares et superbes épreuves avant la lettre, non ébarbées. 8 Pièces sont remontées.

417. Vingt-quatre gravures in-8 de Gravelot, tirées de Boccace. Très-belles épreuves remontées de format in-4.

418. Vingt et une gravures in-8, d'après Lancret, Pater, Boucher, Le Mesle, etc. Belles épreuves. Rares.

LAFONTAINE (Suites in-4 pour les Contes).

419. Onze lithographies in-4 de Hersent. Très-belles épreuves, plus les mêmes sujets lithographiés par Chatillon, de format in-8. En tout 20 pièces.

420. Trente lithographies in-4 de A. Devéria. Très-belles épreuves sur chine à toutes marges.

421. *Figures des Contes de Lafontaine in-4, d'après les dessins de H. Fragonard, par différents graveurs, destinées à orner l'édition des Contes en deux volumes in-4, imprimée par P. Didot l'aîné.*

Notre exemplaire se compose de 83 pièces, dont 36 sujets différents à l'eau-forte et 47 pièces terminées en différents états, plus 2 titres, ce qui forme un total de 85 pièces. En condition superbe, avec grandes marges et de la plus grande fraîcheur. Cet exemplaire, dont nous donnons le détail ci-après, peut être considéré comme unique, aussi complet comme eaux-fortes et comme réunion d'épreuves en différents états.

Titre. Deux épreuves 1er état, avant les deux vers en haut, commençant ainsi : *Tu fais, amour, nos plaisirs et nos fêtes.* 2me état, avec ces deux vers, mais avant le texte. 2 pièces.

Joconde (1re planche). Deux épreuves : 1re à l'état d'eau-forte, 2me terminée avant la lettre. 2

A reporter. 4 pièces.

— 43 —

Report. 4 pièces

Joconde (2me planche). Trois épreuves : 1re à l'état d'eau-forte ; 2me terminée, avec les noms des artistes au bas du sujet, et avant l'indication du tome au haut du cuivre ; 3me les noms des artistes sont effacés et l'indication du tome à la pointe sèche, au haut du cuivre, est ajoutée, état dit avant la lettre. 3 —

Joconde (3me planche). Deux épreuves. 1re à l'état d'eau-forte ; 2me avant la lettre. 2 —

Les Trois Commères (1re planche). Trois épreuves : 1re à l'état d'eau-forte ; 2me au bas, les noms des artistes, avant beaucoup de travaux ; 3me terminée, avant la lettre. 3 —

Les Trois Commères (2me planche). Trois épreuves : 1re à l'eau forte ; 2me terminée, avant la lettre ; 3me l'indication du tome, en haut du cuivre, effacée. 3 —

Les Trois Commères (3me planche). Deux épreuves : 1re à l'eau-forte ; 2me terminée, avant toutes lettres. 2 —

Le Cocu battu et content. Deux épreuves : 1re l'eau-forte ; 2me avant la lettre. 2 —

Le Gascon puni. Trois épreuves : 1re à l'état d'eau-forte ; 2me avec les noms des artistes au bas du sujet, avant beaucoup de travaux ; 3me terminée, avant la lettre. 3 —

La Fiancée (1re planche). Deux épreuves : 1re à l'eau-forte ; 2me terminée, avant la lettre. 2 —

La Fiancée (2me planche). Trois épreuves : 1re à l'eau-forte ; 2me terminée, avant la lettre, ancienne épreuve, 3me avant la lettre. Épreuve d'un tirage postérieur. 3 —

La Fiancée (3me planche). Deux épreuves : 1re à l'eau-forte ; 2me terminée, avant toutes lettres, seulement le nom du graveur à la pointe au milieu du bas. 2 —

Le même sujet, par un graveur différent que celle décrite ci-dessus. Épreuve à l'état d'eau-forte. 1 —

Belphegor (trois épreuves) : 1re à l'eau-forte, les noms des artistes sont au bas, à la pointe sèche ; 2me aussi avec les noms des artistes, et avant beaucoup de travaux ; 3me entièrement terminée, avant la lettre. 3 —

A reporter. 33 pièces.

4

Report. 33 pièces.

La Matrone d'Ephése. Trois épreuves : 1re à l'eau-forte, les noms des artistes écrits à la pointe sont au bas du sujet ; 2me le nom du peintre seul au bas, et la gravure avant beaucoup de travaux ; 3me entièrement terminée, avant la lettre. — 3

Le Baiser rendu. Deux épreuves : 1re à l'eau-forte ; 2me terminée avant la lettre. — 2

Le Baiser donné. Une épreuve à l'état d'eau-forte. — 1

Le Paysan qui offense son seigneur. Trois épreuves : 1re à l'état d'eau-forte ; 2me avec les noms des artistes à la pointe et avant beaucoup de travaux ; 3me entièrement terminée, avant la lettre. — 3

Le Pâté d'anguille. Trois épreuves : 1re à l'eau-forte ; 2me avant beaucoup de travaux ; 3me entièrement terminée, avant la lettre. — 3

Le Glouton. Trois épreuves : 1re à l'eau-forte ; 2me terminée, mais avant la tomaison indiquée à la pointe en haut du cuivre ; 3me avant la lettre. — 3

Le Savetier. Trois épreuves : 1re à l'eau-forte ; 2me avec le nom du graveur à la pointe et avant beaucoup de travaux ; 3me entièrement terminée, avant la lettre. — 3

On ne s'avise jamais de tout. Deux épreuves : 1re à l'eau-forte ; 2me terminée avant la lettre. — 2

Imitation d'Anacréon (portrait d'Iris). Une épreuve à l'eau-forte. — 1

Le Magnifique. Trois épreuves : 1re à l'eau-forte ; 2me avant beaucoup de travaux ; 3me entièrement terminée avant la lettre. — 3

Le Mari confesseur. Deux épreuves : 1re à l'eau-forte ; 2me terminée, avant la lettre. — 2

A Femme avare. Deux épreuves : 1re à l'eau-forte ; 2me terminée avant la lettre. — 2

Le Faucon. Trois épreuves : 1re à l'eau-forte ; 2me avec le nom du graveur à la pointe, avant beaucoup de travaux ; 3me entièrement terminée, avant la lettre. — 3

La Coupe enchantée. Trois épreuves : 1re à l'eau-forte ; 2me avec le nom du graveur à la pointe, avant beaucoup de travaux ; 3me entièrement terminée, avant la lettre. — 3

A reporter. 67 pièces.

Report. 67 pièces.

Le Calendrier. Trois épreuves : 1re à l'eau-forte ; 2me
avec le nom du graveur à la pointe et avant beaucoup
de travaux ; 3me entièrement terminée, avant la lettre. 3 —

Le Juge de Mesle. Deux épreuves : 1re à l'eau-forte ;
2me terminée, avec le nom du graveur à la pointe. 2 —

Alix malade. Deux épreuves : 1re à l'eau-forte ; 2me terminée, avant la lettre. 2 —

Les deux Amis. Deux épreuves : 1re à l'eau-forte ; 2me
terminée, avant la lettre. 2 —

Sœur Jeanne. Trois épreuves : 1re à l'eau-forte ; 2me
avec les noms des artistes à la pointe, avant beaucoup
de travaux ; 3me entièrement terminée, avant la lettre. 3 —

La Clochette. Deux épreuves : 1re à l'eau-forte ;
2me terminée, avec le nom du graveur à la pointe. 2 —

Le Diable en enfer. Une épreuve à l'état d'eau-forte. 1 —

Le petit Chien. Une épreuve à l'état d'eau-forte. 1 —

Le Muletier. Une épreuve à l'état d'eau-forte. 1 —

Imitation d'Anacréon, l'Amour mouillé. Une épreuve à
l'état d'eau-forte. 1 —

TOTAL. 85 pièces.

LA HARPE.

422. Suite de cinq vignettes in-18, dont un titre, de Marillier pour : Tangu et Félime, poëme en quatre chants.
Très-belles épreuves non-rognées.

LAMARTINE.

423. Six gravures in-8, dont un portrait, d'après Desenne,
publiées par Boquet, 1826.

424. Quatre gravures in-8, de Desenne, pour les Méditations.
Suite double avant la lettre et à l'eau-forte. Épreuves sur
chine.

425. Onze gravures in-8, dessinées et gravées à l'eau-forte,
par Tony Johannot, pour Raphaël et les Confidences. Superbes épreuves avant la lettre, chine, de format in-fol.

LAMARTINE.

426. La même suite avant la lettre. Épreuves de format in-fol. sur blanc.

426 *bis*. Suite complète de trente-neuf portraits, d'après Raffet et une vue du Temple, gravée par Rouargue pour les Girondins.

427. Réunion de portraits et vignettes, d'après Desenne, Colin, Johannot, Deveria, Potier, Mendoze, pour les œuvres de Lamartine. Cent deux pièces.

428. Cinquante-une pièces doubles du lot précédent. Epreuves à l'eau-forte.

LEGOUVÉ.

429. Suite complète de sept gravures, d'après Desenne et Devéria, dont un portrait d'après Chasselat, gravées par Bertonnier pour les œuvres publiées par Janet, 1826. Superbes épreuves avant la lettre, sur chine, de format in-fol.

430. La même suite complète avant la lettre. Épreuves sur chine de format in-8.

431. La même suite complète. Rares épreuves sur chine à l'état d'eau-forte.

432. La même suite complète à l'état d'eau-forte. Épreuves sur blanc.

433. Six gravures in-8, de Desenne, à claire-voie, publiées par L. Janet. Épreuves avant la lettre sur chine.

434. La même suite complète avant la lettre, sur blanc.

435. La même suite complète. Épreuves à l'eau-forte, sur chine.

436. Six gravures in-18, de Deveria, dont un fleuron de titre. Épreuves avant la lettre sur chine.

LEGOUVÉ.

437. Quatre gravures in-12, de Moreau, Guérin, Desenne. Épreuves avant la lettre. A cette suite est ajoutée la gravure de Moreau, pour le Mérite des femmes, réduction in-18, par Bosq, 1818, en épreuves avant la lettre et à l'eau-forte. Deux portraits de Legouvé et une pièce double sur chine. En tout, neuf pièces.

438. La même suite moins une pièce. Épreuves avant la lettre, plus la réduction de la gravure de Moreau avant la lettre et à l'eau-forte, comme dans la suite ci-dessus.

439. Trois gravures in-8, de Boizot, pour la tragédie de la mort d'Abel. Épreuves avant la lettre.

LEGRAND D'AUSSY.

440. Suite complète de dix-huit gravures in-8, d'après Moreau et Desenne, pour les Fabliaux. Édition de Renouard, 1829. Superbes épreuves avant la lettre, sur chine, non rognées.

441. La même suite complète. Même état que la précédente.

442. La même suite complète avant la lettre. Épreuves sur blanc.

443. Douze pièces doubles avant la lettre de la suite précédente. Épreuves sur blanc et sur chine.

LESAGE (Collection in-8 pour Gil-Blas).

444. Suite complète de neuf gravures in-8, de Desenne, pour l'édition de Lefèvre, 1820. Superbes épreuves avant la lettre sur chine; plus quatre pièces doubles à l'état d'eau-forte et deux terminées avant toutes lettres.

445. La même suite avant la lettre, sur papier blanc, plus trois pièces doubles à l'eau-forte.

LESAGE.

446. Six pièces doubles de la suite précédente, en épreuves avant la lettre, sur chine.

447. La même suite complète. Très-rares épreuves à l'état d'eau-forte.

448. Six pièces doubles à l'état d'eau-forte de la suite précédente.

449. Suite complète de vingt-quatre gravures in-8, de Smirke, publiées en 1809, pour une édition en 4 volumes in-4. Superbes et rares épreuves du premier état, avec le titre en grosses lettres grises, sur chine. A cette suite sont ajoutées cinq gravures anglaises avant la lettre, dont un titre et un portrait de Lesage, dessin de Baudet Bauderval.

450. La même suite complète. Très-belles épreuves sur chine, de même état que la précédente.

451. La même suite complète. Belles épreuves du deuxième état avec la légende en petites lettres.

452. Douze gravures in-8, de Bornet, Charpentier et autres, avec un encadrement pour l'in-8 de Janet, an III. Epreuves avant la lettre.

453. Deux gravures in-8, de Deveria, pour une collection que Ch. Gosselin devait publier. Trois suites à l'eau-forte, plus une pièce terminée. En tout sept pièces.

454. Dix gravures in-8, de Stothard, avec encadrement, tirées du Novelist's Magazine.

455. Cinq gravures in-8, anglaises, avant la lettre, gravées par Adlard. Très-belles épreuves sur chine.

456. Neuf gravures in-8, de Marillier, pour Gil-Blas, dont quatre avant la lettre, deux eaux-fortes et trois avec la lettre.

LESAGE.

457. Six gravures in-8, de Staal, dont un portrait, publiées
par Garnier frères.

458. Vingt gravures in-8, de Gavarni, publiées par Morizot.
Épreuves sur chine.

459. La même suite, même état que la précédente.

LESAGE (Collections in-18 pour Gil-Blas).

460. Vingt-quatre gravures in-18, de Smirke, réduction de
celles grand in-8. Très-rares épreuves sur chine avec grandes
marges. Deux pièces sont doubles avant la lettre.

461. La même suite complète. Très-belles épreuves sur blanc,
à grandes marges.

462. Quatre gravures in-18, d'Uwins, dont deux fleurons de
titres. — Quatre gravures in-18, anglaises, non signées,
dont deux fleurons de titres. Huit pièces sur chine avant la
lettre.

463. Huit gravures in-18, de Desenne, dont quatre fleurons
de titres. Édition Verdet. Épreuves avant la lettre sur
chine.

464. Quatorze gravures in-18, de Cooke, 1797, dont quatre
titres se répétant, et deux gravures avec ornements différents, plus trois gravures d'une autre suite. Collection rare.
Les épreuves sont remargées.

465. Vingt-quatre gravures in-18, de Deveria, pour la Bibliothèque française. Rares épreuves avant la lettre, et la pagination dans le haut de la gravure.

466. Dix-huit pièces doubles de la suite précédente. Rares
épreuves à l'eau-forte.

LESAGE.

467. Sept gravures in-18, de Chaillou, dont un frontispice.
Épreuves avant la lettre, plus quatre gravures in-32, de
Mendoze, gravées par Ensom et imprimées sur une même
feuille, sur chiue.

468. Dix-huit gravures in-12, anglaises, dont un fleuron de
titre. Quatorze copiées sur celles de Smirke et quatre de
Steele, publiées à Londres par Charles Daly. — Vingt-trois
gravures anciennes, sans noms d'auteurs. Deux suites rares.

469. Réunion de portraits, de vignettes anglaises et francaises
d'après Staal, Uwins, Corbould, Desenne, Johannot, etc.,
pour le Diable boiteux. Quarante-deux piéces. La suite de
Desenne est double à l'eau-forte.

LOUVET (J.-B.) (Suites pour Faublas).

470. Suite complète de vingt-sept gravures in-8, avant la lettre, d'après Demarne, Dutertre, Mlle Gérard, Monsiau, Monnet et Marillier. Trois gravures existent avec des différences : la première est gravée deux fois, l'une d'après
Mlle Gérard, par Saint-Aubin ; et l'autre par Letellier, d'après
le dessin de Queverdo. — La deuxième ayant pour légende :
Grand merci Justine, etc. Dans l'une, Justine se couvre le
visage de sa main, tandis que dans l'autre elle ne se couvre
que l'œil. De la troisième nous n'avons qu'une épreuve. En
tout, trente pièces. Superbes épreuves à toutes marges.

471. Quatorze pièces avant la lettre de la suite précédente.
Superbes épreuves, plusieurs sont remontées.

472. Huit gravures in-8, d'après les dessins de Colin, pour
l'édition publiée par A. Tardieu, 1821-1825, Très-belles
épreuves avant la lettre, plus sept pièces doubles avant la
tablette, avant et avec les noms des artistes à la pointe sèche. Épreuves sur chine très-rares.

LOUVET.

473. Six pièces doubles avant la lettre, en différents états, de la suite précédente.

474. La même suite complète. Très-rares épreuves à l'eau-forte.

475. La même suite. Belles épreuves avec la lettre.

476. Neuf pièces d'une suite de douze gravures in-12 de Chaillou, non signées. Très-rares. — Six pièces d'une suite de treize gravures in-18, de Chaillou, gravées par Lorieux. Belles épreuves remontées. En tout, quinze pièces.

477. Vingt gravures in-8, de Camille Rogier et Marckl, publiées en 1836, par Lavigne. Très-belles épreuves. Cinq des gravures d'après Marckl sont avant la lettre sur chine.

478. La même suite. Belles épreuves.

LONGUS (Suites pour Daphnis et Chloé).

479. Six gravures in-8, d'après Gérard, Albrier, Hersent et Prud'hon, publiées par Janet. Très-rares épreuves à l'eau-forte, plus quatre pièces doubles terminées, avant la lettre, sur chine.

480. Cinq gravures in-18, de Monsiau, gravées par Pauquet et Dupréel, pour la traduction d'Amyot, an VIII. Deux suites, dont une remargée.

481. Suite de trente gravures, d'après les dessins du Régent, pour Daphnis et Chloë. Épreuves avec grandes marges. Manque une pièce.

482. Neuf gravures in-8, gravées au trait d'après Prud'hon et Gérard, plus neuf sujets divers pour le même ouvrage.

LUCAIN.

483. Suite complète de dix gravures in-8, de Périn, pour la Pharsale, traduction de Marmontel, 1766. Superbes épreuves avant la lettre, à toutes marges. Trois pièces sont doubles, dont une à l'état d'eau-forte.

484. La même suite. Superbes épreuves du même état que la précédente.

LUCRÈCE.

485. Suite de dix gravures in-8, d'après Cochin et Eisen, pour l'édition Italienne. Belles épreuves.

MARMONTEL.

486. Quatre gravures in-8, d'après Gravelot, pour Bélisaire. Belles épreuves.

MILLEVOYE.

487. Suite de six gravures in-8, d'après Dévéria, pour les Lettres à Émilie. Épreuves avant la lettre sur chine.

MILTON.

488. Vignettes Anglaises, d'après Westall et autres artistes. Dix-huit pièces.

MOLIÈRE (SUITES POUR LES ŒUVRES DE).

489. Suite complète de trente-quatre gravures in-18, d'après Boucher, gravées par Punt, 1745. Très-belles épreuves, mais coupées à la bordure.

490. *Suite complète de 34 gravures in-8, de Moreau, pour l'édition de Bret, 1773, dont un beau portrait d'après Mignard, gravé par Cathelin, également avant la lettre.*

Trois pièces sont avec la lettres : 1° Don Juan ; 2° la princesse d'Elide ; 3° les Précieuses ridicules, dont il y a l'eau-forte, plus trois pièces doubles avant toutes lettres; trois pièces sont remontées. Collection précieuse et de la plus grande rareté. Le portrait que nous avons ici avant la lettre ne se rencontre presque jamais en cet état.

491. Quinze pièces de la suite précédente. Très-rares épreuves à l'état d'eau-forte. Deux pièces sont doubles, dont une par deux graveurs différents.

492. Vingt Pièces avec la lettre, de la suite précédente, dont 9 doubles.

493. Suite complète de 31 gravures in-8, d'après Moreau, dont un portrait de l'auteur, publiées par Renouard. Le sujet d'Amphitryon a été gravé deux fois : la première, par Pigeot ; la deuxième, par Roger, en sens inverse. Cette gravure de Pigeot est de toute rareté et se trouve jointe à cette suite. Superbes épreuves avant la lettre, à grandes marges. Quatre pièces sont doubles, avant les noms des artistes ou sur papier de Chine. En tout 36 pièces.

494. La même suite avant la lettre, manque huit pièces, dont trois s'y trouvent avec la lettre. Très-belles épreuves de format inégal.

495. Huit pièces doubles de la suite précédente. Épreuves avant la lettre.

496. La même suite. Très-rares épreuves à l'état d'eau-forte. Manque les quatre pièces suivantes : 1° École des Maris, 2° Don Garcie, 3° Don Juan, et 4° le Cocu imaginaire. Le portrait est avant toutes lettres, une pièce est double en état différent ; s'y trouve aussi l'eau-forte de la gravure de Pigeot, indiquée dans la suite ci-dessus. En tout 29 pièces.

497. La même suite. Très-belles épreuves avec la lettre.

498. Suite complète de 19 gravures in-8, d'après H. Vernet, Hersent, Vaflard et Devéria, dont 1 portrait d'après Fragonard, gravé par Lignon. Superbes épreuves avant la lettre, sur chine. Dans cet exemplaire se trouvent les pièces suivantes, qui ont été gravées deux fois : 1° Les Femmes savantes, par Lignon et Blanchard, 2° l'École des Maris, par Muller et Blanchard, et 3° le Tartuffe, gravé deux fois par Tony Johannot. Plusieurs autres pièces sont doubles en différents états. En tout 27 pièces.

499. La même suite. Très-belles épreuves avant la lettre, sur chine, à l'exception de quatre qui sont sur blanc. Une pièce est avec la lettre.

500. La même suite complète. Très-rares épreuves à l'état d'eau-forte, dont il n'a été tiré que 20 exemplaires. Dix-huit pièces, le portrait n'existant pas en cet état.

501. Suite complète de 19 gravures in-8, de Desenne, dont un portrait gravé par Taurel, pour l'édition de Lefèvre. Superbes et rares épreuves avant la lettre, sur chine, de format in-fol.

502. La même suite, avant la lettre, manque 2 pièces et une est avec la lettre.

503. La même suite. Très-rares épreuves à l'état d'eau-forte. Une pièce est double en état différend. Manque le Malade imaginaire et le portrait, qui n'existe pas en cet état.

504. Dix pièces du même état que les précédentes, dont 2 doubles.

505. Vingt et une gravures in-18, de Desenne, dont un portrait, publiées dans la Bibliothèque française. Belles épreuves avant la lettre, sur chine.

506. La même suite avant la lettre, sur blanc.

507. Suite de 34 portraits, gravés par Hillemacher, pour la Galerie historique des Comédiens de Molière.

MONTESQUIEU (Suites pour les Œuvres de).

508. Quatorze gravures in-4, de Moreau, Peyron. Superbes épreuves avant la lettre, avec marges. Une pièce est avec la lettre et une a une petite marge.

509. La même suite complète avec la lettre. Épreuves à grandes marges.

510. Sept gravures in-4, de Peyron, tirées en couleur, 1796. Superbes épreuves avec marges.

511. Douze gravures in-18, de Regnault et Lebarbier, et un portrait de Montesquieu par St-Aubin, sur le titre, faites pour l'édition du Temple de Gnide, de Didot, 1795. Superbes et rares épreuves avant la lettre, avec marges.

512. Trois gravures in-8, d'après Lebarbier et Choffard, pour Arsace et Isménie. Une pièce est double à l'eau-forte et gravée en contre-partie, par un graveur différent. A cette suite sont ajoutées les deux pièces avant la lettre, pour le même sujet, tirées de la collection in-18.

MOORE (Thomas).

513. Sept gravures in-8, de Westall, pour les Mélodies. Superbes épreuves avant la lettre, sur chine.

514. Sept gravures in-8, de Smirke, pour Lalla Rookh. Belles épreuves sur chine.

MOREL DE VINDÉ.

515. Suite complète de six vignettes in-18, d'après Lefèvre, pour Zelomir. Superbes épreuves avant la lettre.

516. La même suite, même état que la précédente.

NODIER (Charles).

517. Suite complète de 8 gravures in-8, dessinées et gravées par Tony Johannot, pour les Poésies de Ch. Nodier. Superbes épreuves avant la lettre, sur chine, de format in-fol.

NODIER (Ch.

518. La même suite. Épreuves du même état que les précédentes.

OVIDE.

519. Cent dix gravures d'après Moreau, Monsiau, Lebarbier, pour les Métamorphoses, édition de Villenave. Épreuves avant la lettre, avec encadrement pour l'édition in-4. Elles sont à toutes marges, il faut 144 pièces pour la collection complète.

520. Cinquante-six pièces doubles de la suite précédente. Épreuves avant la lettre.

521. Vingt-trois pièces doubles de la suite précédente. Très-rares épreuves à l'état d'eau-forte, avec grandes marges.

522. Quatre-vingt-neuf pièces de la même suite. Épreuves avec la lettre.

523. Figures des Métamorphoses d'Ovide, dessinées par Renaud et gravées par Coiny et Couché, adaptées à la traduction de l'abbé Bannier. Édition in-18, de Didot. 27 pièces. Cette collection n'a pas été terminée.

PETIS DE LA CROIX.

524. Dix gravures in-8, de Devéria, pour les Mille et un Jours. Épreuves avant la lettre, sur chine. A cette suite sont ajoutées les eaux-fortes des dix pièces et les épreuves avec la lettre, plus 3 pièces de Devéria, pour une autre édition.

525. Six gravures in-8, de Marillier, pour les Mille et un Jours, plus 2 pièces doubles avant les numéros.

526. Trois pièces de Stothard, pour les contes chinois. — 7 pièces de Corbould, pour les contes péruviens. — 2 gravures d'Uwins, pour les contes chinois. Suite double avant et avec la lettre. — 5 gravures de Marillier, pour les Mille et un Quart d'heure. En tout 19 pièces.

POPE.

527. Suite de cinq vignettes, d'après Marillier, pour la Boucle de cheveux enlevée. Superbes épreuves avant la lettre et la pagination au haut du sujet ; une pièce est doublé à l'état d'eau-forte.

PRÉVOST (L'abbé) (Suites pour Manon Lescaut).

528. Huit gravures in-8, de Gravelot et Pasquier, pour l'édition de 1753. Suite rare, mais remargée.

529. Huit gravures in-18, de Lefèvre, gravées par Coiny, pour l'édition de Didot, 1797. Superbes épreuves avant la lettre, imprimées à deux sur la même feuille, avec toutes leurs marges.

530. Cinq pièces doubles avant la lettre, de la suite précédente. Épreuves remargées.

531. La même suite complète, avec la lettre. Épreuves à grandes marges.

532. La même collection, augmentée d'un portrait et publiée par Leclerc en 1860. Épreuves avant la lettre, sur chine volant.

533. La même suite complète, avant la lettre, de format in-4.

534. Douze gravures in-12, gravées à l'eau-forte, par Chauvet, pour l'édition de Lemerre.

535. Quatre gravures in-18, de Desenne, pour la Bibliothèque française. — 4 gravures in-32, de Desenne, dont 2 fleurons de titres, pour l'édition Werdet et Lequien. — 1 gravure in-8 et 2 fleurons in-18, pour l'édition Werdet, plus 5 pièces doubles à l'eau-forte. Épreuves sur chine.

536. Les mêmes suites, manque une pièce dans la première et deux fleurons sont avec la lettre.

537. Portraits de l'abbé Prévost et vignettes diverses pour ses œuvres. 23 pièces.

RABELAIS (ŒUVRES DE).

538. Suite complète de douze gravures in-8, de Devéria, pour
l'édition Dalibon. Très-belles épreuves avant la lettre, sur
chine. Trois pièces sont doubles en différents états.

539. La même suite complète. Rares épreuves à l'état d'eau-
forte.

540. Quatorze gravures in-18, de Desenne, gravées sur bois
pour l'édition Desoer. Épreuves sur chine volant, plus neuf
portraits différents de l'auteur.

RACINE (J.) (SUITES POUR LES ŒUVRES DE).

541. Collection complète de 57 gravures in-8, d'après
Prud'hon, Gérard, Girodet, publiées par Didot. Très-belles
épreuves avant la lettre, non rognées.

542. La même collection, gravée au trait, manque trois pièces.

543. Suite complète de 14 gravures in-8, de Gravelot, composée de 12 sujets ; un portrait de Racine et un portrait de
Corneille, gravés par Gaucher. Superbes épreuves avant la
lettre. La gravure de Phèdre, dans le 1er état, est avec la
lettre et Hippolyte a son épée au coté droit, tandis que,
dans les épreuves avant la lettre de l'édition, l'épée est à
gauche ; la figure et les bras sont entièrement changés. La
gravure d'Athalie existe par deux graveurs différents ; l'une
par D. Née ; l'autre par Lingée. Notre suite renferme les
deux états de ces deux gravures.

544. La même suite complète avant la lettre. Très-belles
épreuves.

545. Onze pièces doubles avant la lettre, de la suite précédente.

546. Quinze gravures in-8, d'après Garnier, dont trois portraits
gravés par St-Aubin, pour l'édition de le Normant, 1808.

Rares épreuves avant la lettre, plus les 7 fleurons de titres, gravés par Choffard, aussi avant la lettre. Très-rare de cette condition, non rognées.

547. Treize gravures in-8, d'aprés Lebarbier, dont un portrait de Racine, par Gaucher. Très-rares épreuves avant la lettre, avec les noms des artistes à la pointe, plus 2 pièces doubles à l'état d'eau-forte. Elles ont de grandes marges. *

548. Treize gravures in-8, d'après Moreau, dont un portrait gravé par Dupréel, publiées en 1811 par Reymond et Ménard. Rares épreuves avant la lettre. Deux portent la signature de Moreau. 30 f

549. Douze pièces doubles de la suite précédente, dont six avant la lettre et six avec.

550. Trois pièces de la même suite. Rares épreuves à l'eau-forte.

551. Treize gravures in-8, d'après Moreau, dont un portrait par St-Aubin, publiées par Renouard. Superbes et rares épreuves avant la lettre. La gravure de Phèdre, qui a été gravée deux fois par Roger : l'une avec le titre à la pointe au haut de la gravure à gauche, et l'autre avec le titre au haut de la droite, se trouvent dans notre collection. Plusieurs pièces sont doubles avant les titres en haut de la gravure ou sur chine. En tout 20 pièces avec grandes marges. * De N. 145

552. Neuf pièces doubles de la suite précédente, six sont avant la lettre et trois avec, y compris le portrait.

553. Cinq pièces doubles de la suite précédente. Très-rares épreuves à l'eau-forte, plus l'eau-forte de la gravure de Phèdre, gravée par Blanchard en 1818, sur chine et sur blanc. En tout sept pièces.

554. La même suite complète, avec la lettre. Très-belles épreuves de 1er tirage.

RACINE.

555. Quatorze pièces tirées des collections précédentes. Épreuves avant et avec la lettre.

556. Suite complète de 14 gravures in-8, de Desenne, Prud'hon, Gérard, Girodet et Taunay. Superbes épreuves avant la lettre, sur chine. Le sujet de Mithridate s'y trouve par deux graveurs, Girardet et Blanchard. Est ajoutée la gravure d'Iphigénie, de Devéria, gravée par Sisco. Plusieurs pièces sont doubles en différents états. En tout 20 pièces. ✄.

557. Dix pièces doubles avant la lettre, de la suite précédente. Deux sont à l'état d'eau-forte.

558. La même suite complète. Très-rares épreuves à l'eau-forte. L'eau-forte de la gravure d'Iphigénie, de Devéria, y est ajoutée, ce qui en porte le nombre à quinze. ✄.

559. Treize gravures in-12, d'après Desenne, gravées par Girardet pour la Bibliothèque française. Superbes épreuves avant la lettre sur chine, dont il n'a été tiré que 40 exemplaires.

560. La même suite avant la lettre, sur blanc; manque le portrait. Le sujet d'Andromaque est à l'eau-forte.

561. La même suite complète. Très-rares épreuves à l'eau-forte, dont il n'a été tiré que 25 exemplaires.

562. Douze pièces tirées de différentes suites. Epreuves avant la lettre.

REGNARD (Suites pour les Œuvres de).

563. Suite complète de 12 gravures in-8, dont un portrait par Tardieu, de Moreau et Marillier. Très-belles et premières épreuves avec le titre en lettres grises. Deux pièces sont remontées. ✄.

564. Six pièces doubles de la suite précédente. Très-rares et superbes épreuves avant la lettre. Le portrait est avec la lettre et deux pièces sont remontées. ✄.

REGNARD.

565. Treize gravures in-8, de Borel, dont un portrait. Superbes épreuves, dont deux très-rares, avant la tomaison ; elles ont de la marge. ∆.

566. Cinq pièces doubles avec la lettre, des deux suites précédentes.

567. Suite complète de 13 gravures in-8, dont un portrait, de Desenne. Superbes épreuves avant la lettre, sur chine.

568. La même suite complète. Très-rares épreuves sur chine, à l'état d'eau-forte.

569. La même suite. Belles épreuves avec la lettre grise, sur chine.

ROUSSEAU (J.-B.).

570. Suite complète de 9 gravures in-8, d'après Lafitte, dont un portrait d'après Aved, gravées par Anselin. Superbes épreuves avant la lettre, avec toutes leurs marges.

571. La même suite. Épreuves avant et avec la lettre, manque le portrait.

ROUSSEAU (J.-J.) (SUITES POUR LES ŒUVRES DE).

572. Suite complète de 38 gravures, d'après Moreau, Lebarbier et Monsiau, pour l'édition de 1774. Quatorze pièces sont doubles avant la pagination et plusieurs avant la lettre, avec les noms des artistes à la pointe. Le portrait s'y trouve aussi double avec les noms des artistes à la pointe. Suite très-rare dans une aussi belle condition.

573. Quatre fleurons de titres, pour la même édition, dessinés et gravés par Choffard. Très-rares épreuves avant la lettre, avec grandes marges, une pièce est double.

574. Six vignettes in-4, d'après Cochin, pour Emile. Superbes épreuves avec marges.

ROUSSEAU (J.-J.).

575. Quatre-vingt-dix gravures in-8, de Moreau et autres artistes, pour l'édition Poinçot, dont 38 titres, d'après Marillier,
Monnet, etc. Trois sujets s'y trouvent repétés par des artistes
différents, dont un à l'état d'eau-forte. Superbes épreuves
en partie avant la lettre et quelques-unes avant la pagination. Plusieurs pièces sont doubles en différents états, dont
le Lévite d'Ephraïm à l'état d'eau-forte. Trois pièces manquent, pour que la suite soit conforme au nombre indiqué.
En tout 97 pièces. Très-rares.

576. Collection de 27 estampes in-18, gravées d'après les dessins de Marillier, par de Longueil, de Launay, etc. Superbe
et très-rare suite avant la lettre, à toutes marges; dans la
couverture de publication. Trois pièces sont doubles avant
la bordure.

577. La même suite. Belles épreuves avec la lettre.

578. Suite complète de 64 gravures in-8, de Moreau et Dupréel. Superbe collection, composée d'épreuves avant la
lettre qui n'ont pas été faites en totalité, et d'épreuves avant
l'encadrement, à l'exception de huit pièces qui ont la bordure. Beaucoup sont doubles avant et avec la lettre, en tout
77 pièces.

579. Suite complète de 16 pièces, pour Héloïse, tirées de la
collection précédente. Superbes épreuves avant la lettre ou
avant la bordure, à l'exception d'une pièce.

580. Seize pièces doubles de la suite précédente. Épreuves
avant la lettre et la bordure.

581. Dix-neuf gravures in-8, d'après Desenne, dont un portrait
pour l'édition de Lefèvre. Superbes épreuves avant la
lettre, sur chine, dont il n'a été tiré que 10 exemplaires.

582. La même suite, même état que la précédente, à l'exception de trois pièces qui sont sur blanc.

ROUSSEAU (J.-J.).

583. La même suite. Superbes épreuves avant la lettre, sur blanc.

584. La même suite. Très-rares épreuves à l'état d'eau-forte. Manque la pièce gravée par H. Dupont, qui s'y trouve avant la lettre, sur chine. Le portrait n'existe pas à l'eau-forte.

585. Suite de 42 gravures in-8, de Devéria, pour l'édition Dalibon, dont 2 portraits, J. J. et Mme de Warens. Superbes épreuves avant la lettre, sur chine, tirées de format in-fol.

586. La même suite complète. Superbes épreuves avant la lettre, sur papier blanc, de format in-fol.

587. La même suite complète. Superbes et très-rares épreuves sur chine, à l'état d'eau-forte.

588. Quinze gravures in-8, de Devéria et Johannot, publiées par A. Aubrée, plus 8 pièces, publiées par Furne et ajoutées à cette suite. Ce qui porte la suite à 23 pièces. Superbes épreuves avant la lettre, sur chine. Plusieurs pièces sont doubles en différents états.

589. Treize pièces doubles de la suite précédente. Belles épreuves avant la lettre.

590. La même suite. Très-rares épreuves à l'état d'eau-forte. Exemplaire unique en cet état, dont nous possédons 20 pièces sur 23. Plusieurs sujets sont doubles en différents degrés d'avancement.

591. La même suite complète. Très-belles épreuves avec la lettre, sur chine, plus 2 vues ajoutées, ce qui porte le nombre de pièces à 25.

592. La même suite complète des 15 pièces publiées par A. Aubrée.

ROUSSEAU (J.-J.) (Suites pour la Nouvelle Héloïse).

593. Suite complète de 13 gravures in-12, de Gravelot, pour la Nouvelle Héloïse, dont un frontispice de Cochin, gravé par Delongueil, pour l'édition de 1764. Superbes épreuves, remontées de format in-4.

594. Six gravures in-8 de Prud'hon, dont un portrait d'après Degault, gravées par Copia, publiées par Bossange. Très-belles épreuves ; plus 4 gravures in-32, d'après Mendoze, pour les Confessions.

595. PYGMALION, scène lyrique de J.-J. Rousseau, mise en vers par Berquin, texte gravé par Drouet. Paris, 1775. 1 vol. in-8, avec un titre et six gravures de Moreau, gravées par Ponce. Une idylle de Berquin, avec deux figures de Marillier, gravées par Gaucher. A cet exemplaire sont ajoutées sept pièces sur huit, de Moreau et Marillier, en épreuves avant la lettre, et quatre doubles à l'état d'eau-forte, ce qui porte les gravures en dehors de celles du livre à 11 pièces. Très-rare de cette condition.

596. Sept pièces doubles du livre précédent. Epreuves remontées.

SAINTE BIBLE.

597. Trois cents gravures in-4 de Marillier, pour la sainte Bible, traduction de le Maistre de Sacy. Superbes épreuves avant la lettre ; manquent 88 pièces pour que la suite soit complète et quinze sont avec la lettre.

598. Cinquante-sept pièces doubles de la suite précédente, dont 35 avant la lettre et 22 avec la lettre.

599. Soixante-quatre gravures in-8, de Devéria, pour l'édition de Lefèvre, 1828-34. Superbes épreuves avant la lettre, sur chine, à l'exception de 2 pièces. 10 pièces manquent pour que la suite soit complète.

SAINTE BIBLE.

600. Trente-deux gravures in-8, publiées par Furne, d'après différents maîtres. Très-belles épreuves avant la lettre, plusieurs sont avant le filet d'encadrement.

601. Trente-six pièces doubles de la suite précédente. Très-rares épreuves avant la lettre. La plupart avant la bordure à l'état d'eau-forte.

602. La même suite. 28 pièces avec la lettre, montées dans un album.

603. Suite complète de 31 gravures in-8, de Westall. Superbes et très-rares épreuves avant la lettre, sur chine, de format in-fol. Très-rares de cette condition.

604. Soixante-douze pièces d'une suite de 112 gravures in-8, de Moreau, pour le nouveau Testament. Très-belles épreuves avant la lettre, plusieurs pièces sont doubles et six sont à l'état d'eau-forte.

605. Suite de 13 gravures in-8, d'après Overbeck, pour la Passion de Jésus-Christ. Belles épreuves.

606. Douze gravures in-8 de Johannot, pour les saints Évangiles de Curmer. Épreuves avec la lettre.

607. Treize pièces doubles de la suite précédente. Superbes épreuves avant la lettre et la bordure.

SAINT-LAMBERT (Suites pour les Saisons).

608. Un fleuron de titre et 4 vignettes de Choffard, à la date de 1769, pour les Saisons. Superbes et rares épreuves avant la lettre, avec marges.

609. Trois gravures in-8, de Gravelot et Leprince, avant la lettre, pour l'édition de 1769. Il faut cinq pièces pour la collection complète.

SAINT-LAMBERT.

610. Suite complète de 7 gravures in-8, d'après Moreau, pour l'édition de 1775. Rares épreuves avant la lettre. 4 pièces sont remargées et une est double à l'état d'eau-forte.

611. Trois pièces doubles, dont une avec la lettre, de la suite précédente.

612. Quatre vignettes et un fleuron de titre de Choffard, pour l'édition de 1775. Très-rares épreuves avant la lettre, à toutes marges. Ce sont les mêmes dessins que ceux de l'édition de 1769, un peu plus grands.

613. Quatre gravures in-8, de Lebarbier, pour les Saisons, de Thompson. Superbes épreuves avant la lettre, à toutes marges.

614. La même suite. Très-rares épreuves à l'état d'eau-forte. Toutes marges.

615. Quatre gravures in-8, de Hamilton, pour les Saisons, de Thompson. Deux pièces sont avant la lettre. — 4 gravures in-18, en travers, non signées. — 2 gravures in-18, d'Uwins, dont un fleuron de titre. Épreuves doubles avant et avec la lettre, sur chine. — 2 gravures in-18, d'Hamilton, dont un fleuron de titre. En tout 12 pièces.

616. Six gravures in-12, de Westall, par Ch. Rolls, publiées en 1825 par John Sharpe. Belles et rares épreuves avant la lettre, sur chine.

617. Six gravures in-8, de Metz, dont un portrait de Thompson. Londres, 1792.

618. Douze gravures in-12, de Stothard. Londres, 1794. — 4 gravures in-12, de Thurston et Cranmer, plus un portrait et 4 arguments avec de jolies vignettes. — 4 gravures in-12, de Corbould. Cadel, 1793. 25 pièces.

SAINT-LAMBERT.

619. Seize gravures in-12, de Westall, pour les Saisons et les Mois. Londres, Sharpe, 1824. Collection rare à trouver complète.

620. Réunion de portraits et vignettes, pour les Saisons. 53 pièces.

SCARRON.

621. Suite complète de 15 gravures, avant la lettre et d'un portrait, d'après Le Barbier, pour le Roman comique. Superbes épreuves avec grandes marges.

622. Treize pièces doubles, avant la lettre, de la suite précédente. Très-belles épreuves.

623. La même suite complète. Très-rares épreuves à l'état d'eau-forte, moins le portrait qui n'existe pas en cet état.

SCHILLER.

624. Dix-neuf gravures in-8, d'après Bourdet, publiées par Marchant. — 8 gravures in-8, publiées par Baudry, plus 2 portraits de Schiller. En tout 29 pièces.

SÉVIGNÉ (Mme de).

625. Suite complète de six gravures in-8, d'après Lebarbier et de Fraine, pour les lettres de Mme de Sévigné. Paris, Lagrange, 1788. Belles épreuves, avec 4 pièces doubles.

626. Suite complète de 25 portraits in-8, de Devéria, pour l'édition Dalibon. Très-belles épreuves avant la lettre, sur chine.

627. Suite de 34 pièces pour les éditions in-8 et in-12, publiées par Blain et ainsi composées : 14 vues de châteaux, 2 éventails, 1 les armes, 8 portraits gravés par Dien et Masquelier pour l'édition in-8, 6 portraits à claire-voie gravés par Dien, 2 portraits, le Bien Bon, madame de Coulanges. 1 le Salon de Fresnes ; ce qui forme un nombre de 34 pièces indiqué ci-dessus. Beaucoup de pièces sont doubles avant la lettre, lettres grises ou sur chine, ce qui, avec quelque portraits ajoutés à l'édition, forme un nombre de 72 pièces. Réunion très-rare. Les vues sont remargées.

628. Dix-huit pièces doubles de la suite précédente. Plusieurs sont en lettres grises ou avant la lettre.

STERNE (Voyage sentimental de).

629. Suite complète de six gravures in-12, d'après Monsiau, gravées par Levillain. Réduction de celles in-4 et publiées chez Renouard. Épreuves avant la lettre, remontées.

630. Six gravures in-8, de Stothard, pour le voyage sentimental. Belles épreuves remargées. 1 est double avant la pagination.

631. La même suite. Belles épreuves avec marges.

632. Six gravures in-18, d'après Archer, dont un portrait, gravé par Bromby. Belles épreuves remontées.

633. Six gravures in-8, de Chasselat, pour le Voyage sentimental. Édition Bastien, 1803. Belles épreuves avant la lettre, remargées.

634. Dix gravures in-8, d'après Stothard, dont 1 portrait d'après Reynolds. Suite rare. Superbes épreuves, avec marges.

635. Douze gravures in-8, gravées sur bois, d'après Johannot et Jacques, pour la traduction de J. Janin. Édition Bourdin. Épreuves sur chine volant.

636. Portraits, vignettes anglaises et françaises, pour le Voyage sentimental. Plusieurs suites sont complètes. 70 pièces.

SWIFT.

637. Dix gravures in-18, de Lefèvre, gravées par Masquelier, pour les voyages de Gulliver. Édition de Didot, 1797. Rares épreuves avant la lettre, avec grandes marges.

638. La même suite. Très-belles épreuves du même état que la précédente.

639. La même suite. Belles épreuves avec la lettre.

640. Quinze gravures in-12, de Stothard et Wood, pour les œuvres. Bonnes épreuves.

641. Quatre gravures in-8, de Stothard, avec encadrement. Londres, Harrison, 1782. — 2 gravures in-18, de Corbould, dont un Fleuron de titre. — 4 gravures in-18, de Corbould. Édition de Cooke, 1795. — 2 gravures in-12, d'Uwins, par Waren. — 1 titre, gravé par Read, plus 11 portraits de l'auteur et vignettes diverses, etc. En tout 14 pièces.

LE TASSE.

642. Collection complète de 68 gravures, de Gravelot, pour la Jérusalem délivrée. Édition italienne, de Delalain, 1771, ainsi composée : 2 frontispices avec portraits du Tasse et de Gravelot, 2 titres gravés avec fleurons, 20 gravures, 23 culs-de-lampe, 20 portraits historiés, une dédicace. Onze pièces dans la suite de vignettes sont doublés, avant la lettre, et avant la bordure, et une est à l'eau-forte.

643. Suite complète de 20 gravures in-8, d'après Lebarbier, avec un portrait gravé par Delvaux, pour la Jérusalem délivrée. Rares épreuves avant la lettre, avec les noms des artistes à la pointe sèche et avant l'indication du chant, plus trois pièces doubles à l'eau-forte, une pièce à l'indication du chant au haut de la gravure, grandes marges.

644. Quatre pièces doubles, avant la lettre, de la suite précédente.

LE TASSE.

645. Suite de quatre gravures in-8, dont 1 portrait, de Desenne, Chasselat et Bergeret, pour la traduction en vers de Baour-Lormian. Épreuves avant la lettre, à toutes marges.

646. Quatre gravures in-8, de Ducis, gravées par Pauquet, pour la vie du Tasse. Superbes épreuves avant la lettre, sur chine, plus deux pièces doubles à l'état d'eau-forte.

647. Vingt-une gravures in-8, gravées à l'eau-forte, d'après Carlo Falcini, pour une édition italienne.

648. Suite de 10 vignettes de Desenne, dont cinq en-têtes pour Aminta, édition Neveu, 1813. Suite double en noir et en couleur, plus les cinq en-tête aussi en couleur, sur papier rose.

649. Portraits du Tasse, vignettes d'après Prud'hon, Desenne, Cook, Devéria, Westall, etc. 28 pièces.

THIERS (Suites pour la Révolution).

650. Suite de 54 gravures in-8, sur acier, publiées par Furne. Épreuves sur chine, grand papier.

651. Autre suite de 50 pièces, premières épreuves, lettres grises, sur papier de Chine très-court.

652. Autre suite d'après Ary Scheffer, Johannot et autres, également publiée par Furne. Épreuves sur blanc et sur chine.

653. Défets des collections précédentes. 85 pièces.

654. Cent quatre-vingts gravures, sujets, portraits, titres, pour une édition publiée en Hollande, gravures du temps.

THIERS (Suites pour le Consulat)

655. Suite complète de 75 gravures sur acier, portraits et sujets, pour l'édition du Consulat et de l'Empire, publiée par

Paulin, 1845-60. Suite très-rare, avant la lettre, sur blanc et sur chine, plusieurs pièces sont doubles en différents états, et 4 pièces qui n'ont pas été publiées sont ajoutées. 16 pièces sont avec la lettre. En tout 95 pièces. A cette suite sont ajoutées les 66 cartes in-fol., formant l'Atlas de cette édition.

656. Vingt et une pièces doubles de la suite précédente. Épreuves avant la lettre, sur blanc et sur chine. Cinq sont avec la lettre.

657. La même suite complète de 75 pièces. Épreuves avec la lettre, en livraisons.

658. Suite complète de 60 gravures, portraits et sujets, publiées par Furne, 1845. En livraisons.

659. Suite complète de 350 gravures sur bois, pour l'histoire du Consulat et de l'Empire publiée par Lheureux et Cᵉ. Suite rare sur papier de Chine volant.

660. La même collection. Épreuves sur blanc.

661. Quarante-deux portraits en pied de généraux, maréchaux, y compris Napoléon, Marie-Louise, publiés par Furne. Belles épreuves.

662. Vignettes, publiées pour l'histoire de Napoléon, de Norvins. 20 pièces.

663. Généraux, maréchaux, gravés sous la direction d'Ambroise Tardieu. 84 portraits. Belles épreuves.

TRESSAN.

664. Suite complète de 13 gravures in-8, de Colin, dont un portrait pour les œuvres de Tressan. Édition Nepveu, 1823. Superbes épreuves avant la lettre, sur chine. 4 pièces sont doubles à l'état d'eau-forte, plus un portrait d'après Borel, sur chine. En tout 21 pièces.

TRESSAN.

665. La même suite complète. Épreuves avant la lettre, sur
blanc.

666. Vingt gravures in-8, de Marillier, numérotées de 1 à 20.—
4 gravures in-8, de Marillier, pour Rolland l'Amoureux,
plus 1 portrait de Tressan, d'après Borel, en tout 25 pièces.
Superbes épreuves de format in-4.

VIRGILE.

667. Suite complète de 5 gravures in-8, d'après Moreau, pour
les Georgiques. Superbes épreuves avant la lettre avec
marges.

VOLTAIRE (F.-M.-A. de) (Œuvres de).

668. Suite de 93 vignettes, d'après Moreau, avant la lettre,
pour les œuvres de Voltaire (édition de Kehl), le titre gravé
et la dédicace au prince de Prusse, le tableau des œuvres
et 21 portraits avec la lettre, dont Voltaire par Langlois,
Voltaire en buste, Pierre 1er, le prince de Prusse et Vertot
avant la lettre. Le portrait de la marquise du Chastelet s'y
trouve en quatre états différents, dont deux avant toutes
lettres. Plusieurs portraits sont doubles, sur chine. Manque
20 vignettes et un portrait, pour que la suite soit complète.
Elle n'est pas de la même égalité de tirage. En tout 118 pièces. La gravure d'Agathocle s'y trouve deux fois, l'une par
Delignon, et l'autre par Simonet; celle de Janot et Colin
s'y trouve aussi deux fois, l'une par Dambrun et l'autre par
Pauquet.

669. Dix eaux-fortes de la suite précédente, dont sept pour
la Pucelle. Très-rares.

670. La même suite complète, vignettes et portraits avec la
lettre, de la même égalité de tirage, à l'exception de deux
portraits remontés; manque la dédicace au prince de Prusse.
Très-belles épreuves, non ébarbées.

VOLTAIRE.

671. Trente-quatre pièces avec la lettre de la suite précédente, plus trois pièces pour la Pucelle avant la lettre, le titre gravé et douze portraits. En tout 49 pièces.

672. Vingt-neuf vignettes et portraits de la suite précédente, plus le titre gravé. Trente pièces.

673. Suite complète de 21 vignettes avant la lettre et cinq portraits sur papier de Chine, tirage in-fol., pour la Pucelle, édition de Kehl. Quatre pièces sont sur papier blanc, dont trois à petites marges. Très-rare de cette condition.

674. Suite de dix gravures in-4 avant la lettre, pour la Henriade, plus les portraits de Voltaire, gravé par Langlois, et de Henri IV, gravé par Tardieu, le titre gravé, tirage in-4. Le portrait de Voltaire est avant la lettre; manque une pièce pour que la suite soit complète. Très-rare de cette condition.

675. La même suite, gravures et portraits avec la lettre, plus le titre gravé in-4. Très-bel exemplaire, non rogné.

VOLTAIRE (Œuvres de) (Édition Renouard).

676. Suite complète de 113 vignettes, d'après Moreau, avant la lettre, pour les œuvres de Voltaire. (Édition Renouard). 47 portraits, gravés par St-Aubin et autres, la plupart avec la tablette blanche ou avant la lettre, plus 20 portraits de différents grandeurs, comme complément. Suite de la plus grande beauté, à toutes marges. Les 21 pièces pour la Pucelle sont tirées de format in-fol., et proviennent de la vente Renouard.

677. La même suite, 108 pièces avant la lettre, 45 portraits dont plusieurs avec la tablette blanche et avant la lettre, plus 19 portraits du complément aux 160. Sept pièces dans la suite sont avec la lettre. En tout 172 pièces.

VOLTAIRE.

678. Soixante pièces avant la lettre, à l'état d'eau-forte, de la suite précédente. Superbes épreuves, la plupart à toutes marges.

679. Quarante-huit pièces avant la lettre, de la suite précédente, plus 33 portraits de la suite et du complément. En tout 81 pièces. Superbes épreuves, presque toutes avec grandes marges.

680. Vingt pièces avant la lettre de la même suite, plus 14 portraits de la suite et du complément. En tout 38 pièces.

681. Suite complète de 21 gravures, d'après Moreau, pour la Pucelle, de l'édition Renouard. Suite très-rare avant la lettre, tirée sur papier in-fol., à l'exception de trois pièces. A cette suite sont ajoutés les portraits de Voltaire, par St-Aubin, et de Jeanne d'Arc, par Delvaux. En tout 23 pièces.

682. Suite complète des 113 vignettes, d'après Moreau, avec la lettre. 47 portraits, dont quelques-uns avec la tablette blanche, plus les 20 portraits du complément. Très-belle suite, non rognée.

683. Suites complètes de 44 pièces de la même collection, pour le théâtre et 10 pièces pour la Henriade, plus 32 portraits de la suite et 15 du complément, le tout avec la lettre. Très-belles épreuves, non rognées.

684. Quarante-six pièces avec la lettre, de la même suite, plus quatorze de l'édition de Kehl. En tout soixante pièces. Belles épreuves.

685. Suite complète de dix pièces, d'après Moreau, avec la lettre, et du portrait de Henri IV, par St-Aubin, pour la Henriade. Très-belles épreuves, tirées sur papier in-4.

686. Suite complète de 21 pièces, d'après Moreau, avec la lettre, et du portrait de Jeanne d'Arc, par Delvaux, pour la Pucelle. Très-belle suite, tirée sur papier in-4, non ébarbé.

VOLTAIRE (ŒUVRES DE) (ÉDITION BÉUCHOT).

687. Collection complète de 70 sujets et 10 portraits en pied, d'après les dessins de Al. Desenne, pour les Œuvres de Voltaire. Très-belle suite avant la lettre, papier de Chine sur format in-4. A cette suite sont ajoutés 27 portraits différents de Voltaire et 30 portraits de personnages divers, dont il est question dans ses œuvres.

688. La même suite avant la lettre, sur papier vélin, en livraisons.

VOLTAIRE (SUITES POUR LA HENRIADE).

689. Suite de 11 estampes in-4, d'après Gravelot, pour la Henriade. Très-rares épreuves avant l'indication du chant.

690. Suite complète de 10 gravures in-18, d'après Xavier Leprince, pour la Henriade. Très-rares épreuves avant la lettre, plus deux pièces doubles à l'état d'eau-forte.

691. Douze vignettes in-4, d'après Queverdo. Épreuves remontées et les bordures coupées.

692. Suite complète de treize lithographies in-8, par Marlet, pour la Henriade. Rares.

693. Six gravures in-8, de Devéria, pour la Henriade ; collection non terminée. Très-rares épreuves sur chine, à l'état d'eau-forte, plus quatre pièces sur chine, avant la lettre, en tout 10 pièces.

VOLTAIRE (SUITES POUR LA PUCELLE).

694. Suite complète de 22 gravures in-4, de Monsiau et Marillier, dont un beau portrait de Jeanne, gravé par Gaucher, avec encadrement, grandes marges.

695. Quinze pièces avant la lettre de la suite précédente, dont 2 doubles en différents états, plusieurs sont remontées.

VOLTAIRE.

696. La même suite complète avant la lettre et sans encadrement, pour une édition de la Pucelle, publiée par Crapelet en 2 vol. in-8. Superbes épreuves avec grandes
marges.

697. Suite complète de 22 gravures in-18, de Duplessis-
Bertaux, pour l'édition Cazin. Superbes épreuves avant la
lettre. Très-rares.

698. Vingt gravures in-18, de Marillier. Collection dite suite
anglaise, pour une édition de Genève en 18 chants. Superbes
épreuves. Très-rare.

VOLTAIRE (Suites pour les Romans).

699. Suite complète de cinquante-huit gravures in-8, de
Monnet et Moreau, pour l'édition de Bouillon en 3 volumes.
Très-belle suite avant les nᵒˢ, à l'exception de sept pièces qui
sont avec, plus quinze pièces doubles en différents états.

700. Treize pièces in-8 et in-18, de Corbould Kirck, Kirby,
Cooke, Stothard, Deveria et Patas, pour Candide, Zadig et
le Huron. Très-belles épreuves.

WALTER SCOTT (OEuvres de).

701. Quatre-vingt-huit gravures in-8, de Desenne, Eugène
Lami, Johannot. — 84 Fleurons de titres, dessinés et
gravés par les Johannot. — 30 cartes. Le tout formant un
nombre de 202 pièces, pour les œuvres de Walter Scott,
éditées par Ch. Gosselin. Les gravures et les fleurons sont
avant la lettre et la collection entière sur chine in-fol.
Très-rare.

702. La même suite. Les gravures à l'état d'eau-forte, sur
chine. Manquent 4 pièces. Les fleurons avant la lettre, sur
chine et 28 cartes aussi sur chine, en tout 196 pièces.

WALTER SCOTT.

703. Suite complète de 33 gravures in-8, par les Johannot, publiées par Furne. Épreuves avant la lettre, sur chine, plus 3 gravures avant la lettre, d'une autre suite.

704. Trente fleurons de titres, pour la même édition, plus 6 pièces doubles avant la lettre.

705. La même suite de 33 gravures in-8. Épreuves avec la lettre.

706. Portraits et vignettes, d'après Raffet, Marckl. Cartes, etc., pour l'édition Pourrat. 120 pièces, dont plusieurs doubles avant la lettre.

707. Dix gravures in-8, illustrations des œuvres poétiques, de Smirke.

708. Treize gravures in-8, pour Waverley, Guy Mannering, Rob Roy, d'après Allan. Superbes épreuves avant la lettre, sur chine in-fol.

709. Sept gravures in-8, de Westall, pour le Monastère. Épreuves avec la lettre, — Trois gravures in-8, de Corbould, pour l'Abbé, une est avant la lettre.

710. Dix gravures in-8, d'après Westall, pour Ivanhoë. Epreuves sur chine, in-4.

711. Sept gravures in-8, d'après Leslie, pour Kenilwoorth. — Douze gravures in-8, d'après Leslie, pour Waverley, Guy Mannering, etc. Deux suites avec la lettre.

712. Sept gravures in-8, d'après Westall, pour Guy Mannering. Superbes épreuves avant la lettre, sur Chine in-fol.

713. Six gravures in-8, d'après Stothard, Cooper, etc., pour Ivanhoë, le Monastère, l'Abbé et Kenitworth. Très-belles épreuves avant la lettre, sur Chine in-fol.

714. Six gravures in-8, d'après Stothard, pour Rokeby. Très-belles épreuves sur Chine in-fol.

WALTER SCOTT.

715. Sept gravures in-8, d'après Westall, pour la Dame du Lac. Belles épreuves.

716. Sept gravures in-8, d'après Cook, pour la Dame du Lac, sur Chine in-4.

717. Sept gravures in-8, d'après Stothard, pour Land Lord. Très-belles épreuves in-4.

718. Sept gravures in-8, d'après Westall, pour Marmion. Épreuves sur Chine.

719. Sept gravures in-8, d'après Westall, pour Lord des Iles. Épreuves sur Chine in-fol.

720. Sous ce numéro seront vendus environ 200 vignettes et portraits, tirés des collections précédentes.

VIGNETTES TIRÉES DE SUITES

ET GRAVURES DIVERSES DU XVIII° SIÈCLE.

BOREL (D'APRÈS).

721. Suite de douze gravures in-8, avec bordures, pour un Roman inconnu. Très-belles épreuves.

722. La même suite, même condition.

BOREL ET MOREAU.

723. Huit gravures in-8, pour les œuvres de Regnard. Très-rares épreuves avant la lettre, sauf une qui est avec, mais avant le n°. Une pièce se trouve répétée trois fois en différents états. Celle de Moreau est à l'eau-forte, par deux graveurs différents et une de Borel aussi à l'eau-forte

BOUCHER (D'APRÈS).

724. Rodogune, acte V, scène IV. Pièce très-rare, gravée à
l'eau-forte par Mme de Pompadour. Superbe épreuve.

CHOFFARD (P.-P.).

725. Fleuron de titre pour les contes de La Fontaine. Édition
Didot, 1795, illustrés par Fragonard. Très-rare et superbe
épreuve avant la lettre.

726. Fleurons pour la Henriade et l'histoire de la maison de
Bourbon. Treize pièces. Superbes épreuves avant la lettre,
avec grandes marges.

727. Fleurons pour Rousseau, 1774. Ovide, maison de Bourbon. Étrennes galantes, etc. Sept pièces avant la lettre.
Le fleuron pour Rousseau est à l'eau-forte.

728. Titres et fleurons pour les métamorphoses d'Ovide.
Cinq pièces avant la lettre.

COCHIN (C.-N.) (D'APRÈS).

729. Suite complète de six gravures in-8, pour l'origine des
Grâces. Superbes et très-rares épreuves avant la lettre,
avec marges. Le titre de cette suite est catalogué sous le n° 806.

730. Quatre pièces doubles de la suite précédente, même
condition.

731. Vignettes pour l'origine des Grâces et le triomphe du
Goût, etc. Cinq pièces dont trois avant la lettre.

732. Vignettes pour Pandore, Térence, Rousseau, Héro et
Léandre et l'histoire de France. Cinq pièces très-rares à
l'état d'eau-forte, plus 2 pièces doubles, terminées avant la
lettre.

733. Vignettes pour Pandore, Télémaque, Psyché, frontispice
de l'histoire universelle. Quatre pièces, gravées par St.-Au-

bin. Très-rares épreuves à l'état d'eau-forte. Deux pièces
sont doubles terminées, plus une vignette d'après Le Prince,
pour les Saisons. Épreuve avant toutes lettres. En tout
huit pièces, plusieurs sont à toutes marges.

734. Vignettes pour Télémaque, 1776, et autres. Quatre
pièces. Très-rares épreuves à l'état d'eau-forte, plus deux
pièces doubles terminées avant la lettre, marges.

735. Vignettes pour Térence, Psyché, Télémaque 1776,
Rousseau, etc. Sept pièces avant la lettre.

736. Vignettes pour Térence, Psyché et Télémaque 1776.
Sept pièces, dont plusieurs doubles.

737. Vignettes pour l'Iliade d'Homére et Télémaque. Neuf
pièces avec la lettre.

738. Fleurons et en-têtes de pages, pour un traité d'horloge-
rie. La Bienfaisance, comédie. Apothéose du duc de Bourgogne et autres. Dix pièces avant la lettre, gravées par
Choffard et autres.

739. Vignettes pour l'histoire de France, les Œuvres de
Piron, Pandore, Almanachs, etc. Vingt-huit pièces avant
et avec la lettre.

DIVERS.

740. Vignettes d'après Moreau, Monet, Marillier, Monsiau et
Cochin, pour les Œuvres de J.-J. Rousseau. Vingt-huit
pièces, avant et avec la lettre.

741. Vignettes d'après Eisen, Moreau, Marillier et Lebarbier,
pour Théocrite, l'Arioste, Ovide, Rousseau, Crébillon,
Voltaire, etc. Cinquante-cinq pièces.

742. Titres, fleurons et vignettes pour différents ouvrages.
Soixante-huit pièces avant, avec la lettre et à l'eau-forte.

743. Vignettes d'après Lafitte, Monet, Lebarbier et autres,
pour différents auteurs. Vingt pièces avant et avec la lettre.

DUPLESSIS-BERTAUT.

744. Elleviou aux champs Élysées. Très-rare épreuve à l'état d'eau-forte, plus l'épreuve terminée, avec la légende. Deux pièces.

745. Vignettes pour les Conteurs. Édition Cazin. Vingt-cinq pièces. Très-rares épreuves avant la lettre.

BERTAUT ET BOREL, etc.

746. Vignettes pour la Pucelle, Jaufret, Berquin, Psyché, etc. Vingt-quatre pièces. Beaucoup sont avant la lettre.

EISEN (D'APRÈS).

747. Vignettes pour la Déclamation théatrale, Tharcis et Zelie, Zelis au bain, les Sens, etc. Treize pièces gravées par De Ghendt, De Longueil, Née et Le Mire. Superbes épreuves avant la lettre.

748. Vignettes pour la Chercheuse d'esprit, Zelis au bain, Titre pour Narcisse dans l'isle de Vénus, Adonis, etc. Dix pièces. Plusieurs sont avant la lettre.

749. Fleurons et en-têtes de pages pour les lettres de Gabrielle d'Estrées. Anacréon et les Chefs-d'œuvre de Rotrou. Sept pièces avant la lettre.

750. Lafontaine, couronné par les Grâces et les Amours. Très-beau titre pour une édition de Lafontaine, 1774 ; gravé par Delaunay. Superbe épreuve avant la lettre, avec toute sa marge.

751. La même pièce. Très-belle épreuve avant la lettre.

EISEN ET MARILLIER.

752. Titres, fleurons et en-têtes de pages pour Dorat, Baisers et fables. Quinze pièces. Très-rares épreuves avant la lettre, une est à l'eau-forte.

EISEN ET MARILLIER.

753. Titres et vignettes pour les Œuvres de Dorat. Treize pièces, plusieurs sont avant la lettre.

EISEN, GRAVELOT ET MARILLIER.

754. Titre pour l'Art d'aimer, avant la lettre. — Titre pour les lettres en vers. Vignette pour le Voyage sentimental, avant la lettre. Vignette in-4 pour la Henriade. Épreuve à l'eau-forte. Six pièces gravées par de Longueil et autres.

EISEN ET MARTINI.

755. Suite de huit vignettes, dont un titre pour l'art d'aimer. Belles épreuves.

756. La même suite, même état.

EISEN, BOUCHER, MOREAU, GRAVELOT.

757. Vignettes pour les Métamorphoses d'Ovide, traduction de l'Abbé Banier. Quarante-deux pièces. Très-rares épreuves avant la lettre. Beaucoup sont à toutes marges.

GRAVELOT (D'APRÈS).

758. En-tête de page avec texte gravé pour la 1re scène du 1er acte de Tartuffe. Cette pièce a dû être faite pour une édition de Molière, commencée au siècle dernier et qui ne fut pas continuée. Cette pièce de la plus grande rareté, passe ici en vente pour la première fois.

759. Vignettes pour la Henriade et les Comédies de Voltaire, Marmontel, de Quingey, Partie de chasse de Henri IV. Vingt-huit pièces. Beaucoup sont avant la lettre.

760. Vignettes pour les Contes de Boccace. Trente-neuf pièces dont sept avant la lettre et à l'eau-forte.

— 89 —

ISABEY (D'APRÈS).

761. Grande gravure en largeur pour le Sacre de Napoléon
à Notre-Dame, gravée par Simonet, 1810. Très-rare épreuve
à l'état d'eau-forte, plus une épreuve terminée avant la
lettre.

LAFONTAINE (Pièces séparées pour les Contes de).

ANONYMES.

762. Le Bât, — le Diable en enfer. Deux gravures in-4, en
hauteur, gravées à l'eau-forte. Superbes épreuves, avant
toutes lettres à toutes marges, de la plus grande rareté.

763. La Mandragore. — Nicaise. Deux gravures in-8, à l'eau
forte, remargées.

ANONYME ANGLAIS.

764. La Gageure des trois commères, in-4 en hauteur. Superbe épreuve avant toutes lettres.

COCHIN (D'APRÈS).

765. Les Remois, in-8, gravé par Lingée. Très-belle épreuve
avant la lettre.

DESRAIS (D'APRÈS).

766. Vignettes in-18, pour les Contes de Lafontaine. Quatorze
pièces. Plusieurs sont avant la lettre, remargées.

EISEN (D'APRÈS).

767. Vignettes pour les Contes de Lafontaine. Édition des
fermiers généraux. Trente pièces. Plusieurs sont doubles
en états différents de l'édition.

768. Vignettes pour la même édition. Copies et originaux.
Cinquante-six pièces.

FRAGONARD (D'APRÈS).

769. Le Quiproquo, gravure in-4, avec bordure. Pièce très-rare, sans nom de graveur. Très-belle épreuve.

770. Le Bât, gravure in-4, avec bordure. Pièce très-rare, sans nom de graveur. Superbe épreuve, avec grandes marges.

771. La Couturière, gravure in-4, avec bordure. Pièce très-rare, sans nom de graveur. Ces trois pièces peuvent rentrer dans les Contes de Lafontaine, in-4 catalogués sous le n° 421.

772. La Gageure des trois commères. La Fiancée du roi de Garbe. Deux pièces de la suite de Fragonard. Édition in-4.

HUET (D'APRÈS).

773. L'Oraison de saint Julien, in-4, en hauteur. Épreuve avant toutes lettres.

MOREAU (L.) (D'APRÈS).

774. La Cruche cassée, gravée par Germain, 1778. Très-rare épreuve avant la lettre, à l'état d'eau-forte, remargée.

OUDRY (ATTRIBUÉ A).

775. La Servante justifiée, in-4 en hauteur. Pièce très-rare, gravée à l'eau-forte, avant toutes lettres.

RAMBERG.

776. Le Rossignol, grand in-fol. en largeur. Superbe épreuve avec marge.

777. Les Lunettes, grand in-fol. en largeur, pendant du n° précédent. Superbe épreuve avec marge.

778. Deux compositions différentes pour la Gageure des trois Commères, ovale in-fol. en hauteur. Superbes épreuves avec marges. Très-rares.

779. Joconde, gravure ovale in-fol. en largeur, dessinée et gravée par Ramberg. Très-rare épreuve avec marge.

RAMBERG.

780. La Jument du compère Pierre, ovale in-fol. en largeur, pendant du n° précédent. Superbe épreuve avec marge. Ces six pièces de Ramberg sont de la plus grande rareté.

SURUGUE.

781. Le Portrait d'Iris, in-4 en hauteur. Belle épreuve, coupée au trait et remargée.

782. Gravures d'après Oudry, Eisen, etc. Gravures au trait, d'après Prud'hon et autres, pour les OEuvres de Lafontaine, etc. Vingt-huit pièces. Deux d'après Oudry sont à l'eau-forte.

783. Sous ce numéro il sera vendu environ quatre cents vignettes, sujets séparés et tirés de différentes suites, portraits de Lafontaine et autres, pour illustrer les fables, les contes, Adonis, Psyché, etc. Beaucoup de ces pièces sont avant la lettre, sur chine et à l'eau-forte.

LE BARBIER (D'APRÈS).

784. Six gravures in-18 avant la lettre, pour les Idylles de Théocrite ; une pièce est double.

785. Vignettes in-18 pour Télémaque, Parny et autres. Vingt-deux pièces avant la lettre.

786. Vignettes pour le Roman comique, les Saisons de Thompson, etc. Neuf pièces avant la lettre. Deux sont à l'état d'eau-forte.

LE BRUN (D'APRÈS).

787. L'Intrigue découverte, par Le Beau. Belle épreuve.

MARILLIER (D'APRÈS).

788. Titre pour le commentaire sur la Henriade par feu M. de la Beaumelle, revu et corrigé par M. Freron, gravé par Saint-

Aubin. Très-rare épreuve avant toutes lettres et avant beaucoup de travaux, plus une épreuve avec la lettre, marges.

789. Neuf vignettes avant la lettre, gravées par Gaucher, de Longueil, Simonet et autres, pour le Théâtre du monde.

790. Cinq pièces avant la lettre, gravées par de Ghendt et Duflos, pour les œuvres de Mercier.

791. Titres, fleurons et têtes de pages, vignettes gravées par Ponce, de Longueil, de Ghendt, Halbou, etc., pour les œuvres de d'Arnaud. Les fleurons et têtes de pages, au nombre de six, sont avant la lettre ; en tout douze pièces.

792. Fleurons et titres pour d'Arnaud, titres des idylles de Gessner. — Fleuron pour le Cordelier cheval, conte de Piron. Neuf pièces avant la lettre dont plusieurs doubles. Le fleuron pour le Cordelier est double à l'eau-forte.

793. Vignettes pour les œuvres de Delisle de Sales. Neuf pièces avec la lettre.

794. Vignettes et têtes de pages pour le Monde primitif. Six pièces dont plusieurs doubles. Cinq sont avant la lettre.

795. Deux beaux titres gravés par de Ghendt. Epreuves avant la lettre. Vignette pour l'Art d'aimer, édition Cazin, avant la lettre et eau-forte ; vignette pour Pope avant la lettre et eau-forte, etc. Sept pièces. Superbes épreuves avec marges

796. Fleurons et vignettes pour le Parnasse des dames françaises. Sept pièces gravées par Ponce, Née et autres. Très-rares épreuves avant la lettre. Une est à l'eau-forte.

797. Vignettes pour Voltaire, Bitaubé, Florian, Almanachs, voyages et contes, etc. Trente-deux pièces. La plupart avant la lettre.

798. Vignette pour l'Art d'aimer. Epreuve à l'eau-forte et avec la lettre. — Autre vignette pour Gresset. Epreuve à l'eau-

forte, avant et avec la lettre. Cinq pièces pour l'édition
Cazin. *De la B.*

799. Vignettes pour Lafontaine, Dorat, Montesquieu, Boufflers,
Gresset, Chapelle, Anacréon, Art d'aimer ; Gessner, etc.
Édition Cazin. Vingt pièces avant et avec la lettre. Beau-
coup sont à toutes marges.

800. Sept pièces doubles du numéro précédent.

801. Vignettes tirées du Cabinet des fées, des Voyages imagi-
naires, etc. Soixante-treize pièces.

802. Cinq pièces doubles du numéro précédent. Epreuves
avant la lettre et à l'eau-forte.

MARILLIER ET COCHIN.

803. Titre pour les mémoires de Beaumarchais. Vignettes
pour l'origine des Grâces, Rousseau. — Titre des Idylles de
Berquin, etc. Cinq pièces avant la lettre.

MARILLIER ET DESRAIS.

804. Titre allégorique pour la Henriade. — Titre pour l'Histoire de la ville de Bordeaux. Deux pièces, gravées par
Duflos et Simonet. Elles sont doubles avant et avec la lettre.

MARILLIER ET EISEN.

805. Titre avant la lettre pour les Bains de Diane. Fleurons
pour les fables de Dorat, dont un double à l'eau-forte.
Fleurons pour d'Arnaud et le Parnasse des dames françaises.
Entourage avant la lettre pour un portrait, etc. Quatorze
pièces avant la lettre, par de Ghendt, Simonet, de Longueil
et autres. Trois pièces sont à l'état d'eau-forte.

MOREAU LE JEUNE (D'APRÈS).

806. Titre des Grâces, gravé par Gaucher. Très-rare épreuve,
avant la lettre.

MOREAU LE JEUNE (D'APRÈS).

807. Vignette in-8 avant la lettre pour le prologue de Psyché. Gravure en contre-partie de celle du Molière de Bret, avec bordure, gravée par Massa. Très-rare.

808. Suite complète de quatre vignettes avant la lettre, pour le Jugement de Pâris. Superbes épreuves avec marges.

809. La même suite complète ; même condition.

810. Cinq vignettes avant la lettre pour le Molière de Bret. Une pièce est remargée.

811. Vignettes pour Télémaque, 1792. Autre vignette pour la matrone d'Éphèse, 1776. Ces deux pièces sont doubles avant la lettre et à l'eau-forte. Plus deux fleurons avant la lettre, pour Rousseau, 1774. En tout six pièces.

812. Six vignettes avant la lettre, pour les Incas, de Marmontel. Superbes épreuves avec marges.

813. Cinq pièces pour le même ouvrage. Très-rares épreuves à l'état d'eau-forte.

814. Vignettes pour l'Empire ottoman, Ovide et Raynal. Très-rares épreuves à l'état d'eau-forte. La pièce pour l'Empire ottoman est double, terminée avant la lettre. Quatre pièces.

815. Vignettes pour les chansons de Laborde. Sept pièces.

816. Deux vignettes in-4 pour les Mois, de Roucher. Superbes épreuves à toutes marges in-fol.; une est avant toutes lettres.

817. Vignettes grand in-4 pour les Mois, de Roucher, Rousseau, Psyché, de Lafontaine, la Henriade et la Vie d'Antonin. Sept pièces avant la lettre, sauf deux qui sont avec la lettre.

818. Vignettes grand in-4 pour le Pauvre Diable et Marianne, de Voltaire. Superbes épreuves avant la lettre. La gravure de Marianne est double à l'état d'eau-forte, avec marges, in-fol.

MOREAU LE JEUNE (D'APRÈS).

819. Vignettes grand in-4 pour la Vie d'Antonin, Virgile, Delisle et Raynal. Neuf pièces dont quatre avant la lettre et à l'eau-forte. Superbes épreuves avec marges in-fol.

820. Vignettes pour les Précis de la Révolution, Voyage du comte de Labédoyère en Suisse, Empire Ottoman, Charles Martel. — Le comte de Valmont, le président Hénaut, etc. Dix pièces. Superbes épreuves avant la lettre, avec marges.

821. Vignettes pour le Voyage du comte de Labédoyère en Suisse; Virgile, Philoclès, le comte de Valmont, Empire Ottoman, Charles Martel, Rousseau et Raynal. Dix pièces avant la lettre, sauf une. Superbes épreuves avec marges.

822. Vignettes pour Rousseau, suite qui n'a pas été terminée. Les Quatre Ages de l'homme. Contes de Voltaire, édition Bouillon, Ovide. Quatre pièces en épreuves doubles avant la lettre et à l'eau-forte, plus deux pièces à l'eau-forte pour Tom Jones. Dix pièces.

823. Têtes de pages pour l'histoire de la maison de Bourbon. Histoire de France et Histoire romaine. Huit pièces avant la lettre, avec marges.

824. Vignettes pour Virgile et Télémaque. Sept pièces. Superbes épreuves avant la lettre, avec marges.

825. Six pièces doubles du numéro précédent. Même condition.

826. Vignettes pour le Jugement de Pâris, Voyage de Chypre et Sibérie, Paul et Virginie, Imbert, Demoustier, Legouvé, etc. Dix-sept pièces avant la lettre, sauf cinq qui sont avec la lettre.

827. Vignettes pour le Théâtre du monde, Metastase, Arioste, Ovide. Têtes de pages pour le Musée Robillard, etc. Treize pièces avant la lettre.

MOREAU LE JEUNE (D'après).

828. Vignettes pour Télémaque, Crébillon, Gresset, Boileau, Voltaire, Tressan et Gœthe. Trente-deux pièces avant la lettre, sauf sept qui sont avec la lettre.

829. Vignettes et fleurons avant la lettre, pour les chansons de Laujon, l'Art de la danse, de Despréaux et la Pucelle de Voltaire. Sept pièces dont une en trois états différents, eau-forte, avant et avec le numéro.

830. Henri IV, avec ornements, tiré du président Hénault, — Vignettes pour l'art de la danse de Despréaux. — La Matrone d'Éphèse, 1776. — Fleurons pour les chanson de Laujon, etc. Six pièces avant la lettre dont deux à l'eau-forte.

831. Têtes de pages pour les Oraisons funèbres de Marie-Thérèse et du roi de Sardaigne. Superbes épreuves avant la lettre, avec grandes marges.

832. Couronnement de Voltaire sur le Théâtre-Français, gravure in-8 par Couché. — Translation des cendres de Voltaire au Panthéon, dessiné et gravé par Couché. Deux pièces. Superbes épreuves avant la lettre, sur chine.

833. Les deux mêmes estampes. Très-rares épreuves à l'eau-forte

834. Couronnement de Voltaire sur le théâtre français. — Translation des cendres de Voltaire au Panthéon, sujet différemment traité que celui indiqué ci-dessus. Deux pièces gravées par Couché. Très-belles épreuves avant la lettre, sur chine.

MOREAU ET DUPLESSIS-BERTAUX.

835. Seize vignettes in-18 avant la lettre pour les Précis de la Révolution, de Lacretelle. Quatre pièces sont à l'état d'eau-forte. La première pièce, d'après Moreau, est double avant toutes lettres. Est ajoutée à la suite, la reproduction

in-32 avant la lettre de cette même gravure. En tout dix-neuf pièces avec marges.

MONET ET EISEN (D'APRÈS).

836. Vignettes pour le Temple de Gnide. Quatre pièces avant la lettre, plus une pièce pour Héloïse, de Collardeau. Epreuve double avant la lettre et à l'eau-forte. En tout sept pièces.

MONSIAU (D'APRÈS).

837. Vignettes in-4 pour la Pucelle et pour le Lutrin de Boileau. Quatorze pièces. Plusieurs sont avant la lettre.

PRUD'HON (D'APRÈS).

838. Innocence et Amour, gravé par Villerey. Très-rare épreuve avant toutes lettres, à l'état d'eau-forte. Toutes marges.

839. La même estampe. Superbe épreuve avec les noms des artistes à la pointe, mais avant les armes.

840. La même estampe. Superbe épreuve avant la lettre, avec les armes. Sur chine. Toutes marges.

841. La même estampe. Très-belle épreuve du même état, sur blanc.

842. Phrosine et Mélidor, gravé par Roger. Très-rare épreuve à l'état d'eau-forte. Toutes marges.

843. La même pièce. Superbe épreuve avant la lettre, sur chine, avec les noms d'auteurs à la pointe,

844. La même pièce. Très-belle épreuve avant la lettre, avec les noms des auteurs gravés.

845. Daphnis et Chloë, gravé par Roger. Superbe épreuve du premier état, avant la lettre, avec les noms des artistes à la pointe. Toute marge.

7.

PRUD'HON.

846. Abrocome et Anzia, gravé par Roger. Très-rare épreuve à l'état d'eau-forte. Toute marge.

847. La même pièce. Superbe épreuve terminée avant la lettre, avec les noms d'artistes à la pointe. Toute marge.

848. Aminta, gravé par Roger. Superbe épreuve avant la lettre. Toute marge.

849. La même pièce. Très-belle épreuve avec le titre au haut du sujet. Toute marge.

850. La Grotte, gravé par Roger. Très-rare épreuve avant la lettre, avec les noms à la pointe. Marge.

851. Le Premier baiser de l'amour, gravé par Copia. Superbe et très-rare épreuve avant la lettre, avec les noms à la pointe.

852. Jésus portant sa croix, gravé par Roger. Très-rare épreuve avant la lettre à l'état d'eau-forte, plus une épreuve terminée avec la lettre. Toute marge.

853. Le même sujet gravé pour une publication de Curmer. Rare épreuve à l'état d'eau-forte.

854. La Soif de l'or. Pièce avant toutes lettres. Toutes marges.

855. Le Zéphir. — Une Famille malheureuse. — Gravures au trait pour l'Art d'aimer, etc. Huit pièces.

856. Les Vendanges. — Marguerite. Deux pièces lithographiées par Aubry-Lecomte. Très-belles épreuves de premier tirage, sur chine.

857. La Sagesse. La Richesse. L'Étude et l'Amour. Suite de quatre pièces de forme ronde, gravées par Alph. Boilly. Très-belles épreuves.

858. Charles Maurice de Talleyrand-Périgord, gravé par Chapuy. Superbe épreuve avec toute sa marge ; de la plus grande rareté.

PRUD'HON.

859. Portrait d'homme en buste, gravé à l'eau-forte par Tony Johannot. Superbe épreuve sur chine.

860. Buste de Marie-Louise, gravé par Flameng. — Joséphine, impératrice. Lithographies d'après les dessins de la collection His de Lasalle. Cinq pièces.

861. *Sous ce numéro il sera vendu la collection en différents états, des lithographies de J. Boilly, d'après Prud'hon, publiées par M. Sieurin, dont le détail suit :*

Apollon et les Muses. Dix pièces imprimées sur cinq feuilles, avec un titre.

Apollon et les muses, de la collection Marcille, suite différente. Six pièces en épreuves d'essai, le titre est double sur blanc et sur chine.

Joseph et la femme de Putiphar. Deux épreuves sur blanc et sur chine.

Le triomphe de Vénus. Trois épreuves dont deux avant la lettre teintes différentes. Il n'a été tiré que quatre épreuves avant la lettre.

Les Arts libéraux. Suite de quatre pièces à trois sujets sur la feuille. Rares épreuves sur chine avant le nom de l'éditeur.

Trois muses dansant, Première épreuve de teinte différente des épreuves de l'édition.

L'Amour. Deux épreuves. Une avant toutes lettres dont il n'y a eu que quatre épreuves.

L'Ame. Trois épreuves dont une coloriée.

L'Egratignure. Trois épreuves, deux avec la lettre de teintes différentes et une avant la lettre, dont il n'y a eu que trois tirées de cette teinte.

La Caresse. Épreuve avec la lettre.

Caprices. Trois bas-reliefs sur une même feuille.

Le Repentir. Épreuve d'essai.

Les quatre parties du jour. Quatre pièces imprimées sur une même feuille, deux suites en épreuves d'essai et de premier tirage.

Les Muses. Quatre pièces imprimées sur une même feuille, deux suites dont une sur chine et l'autre sur blanc, coloriées.

Les Saisons. Suite de quatre pièces dont nous avons trois exemplaires, deux suites avant la bordure, de teintes différentes et imprimées sur feuilles séparées, une suite avec la bordure, imprimées à deux sur la feuille.

Plafond de Diane au Louvre. Trois épreuves dont deux avant la lettre de teintes différentes et une avec la lettre.

Vénus et Adonis. Cinq épreuves, dont trois épreuves d'essai numérotées.

Thémis, d'après le dessin du musée du Louvre. Cinq épreuves de teintes différentes, dont trois d'essai.

Thémis, d'après le dessin de la collection Marcille.

Vénus au bain. Trois épreuves dont deux avant la lettre, de teintes différentes.

Tête de femme. Epreuve avant la lettre.

L'Amour tenant son arc. Deux épreuves, sur blanc et sur chine.

Marche de Nubiens, d'après Marilhat, par Jules Boïlly et publiée par M. Sieurin.

QUEVERDO (D'APRÈS).

862. Vignettes pour Florian, Ovide et autres. Dix pièces. Neuf sont avant la lettre et une est double, à l'état d'eau-forte. Superbes épreuves avec marges.

SAINT-QUENTIN.

863. Fleurons pour en-têtes de pages, représentant les Saisons. Quatre pièces gravées en 1773. Épreuves avant la lettre.

VOLTAIRE (PIÈCES HISTORIQUES SUR).

864. Visite de Mlle Clairon à Ferney. Gravure in-4 en largeur, sans nom d'auteur. Superbe épreuve. Très-rare.

865. Voltaire, à cheval sur Rousseau, se présente à Pluton. Pièce gravée à l'eau-forte dans le genre de Gabriel de Saint-Aubin. Superbe épreuve avec marge.

VOLTAIRE.

866. Le Lever du Philosophe de Ferney. Deux compositions différentes. — le Déjeuner de Ferney, — Vues des Délices de M. de Voltaire, — Vues du Château de Ferney, côté du nord et côté du couchant. Sept pièces, par Queverdo, Denon et autres.

867. Réunion de portraits et vignettes pour illustrer la Pucelle et la Henriade. Quatre-vingt-six pièces.

868. Vingt-sept portraits différents de Voltaire, par Cathelin, Barbié, Vachez, Delatour, etc.

869. Sous ce numéro, il sera vendu environ quatre cents vignettes avant et avec la lettre, d'après Desenne, pour les œuvres de Voltaire. Édition Beuchot.

870. Sous ce numéro, il sera vendu par lots, environ cinq à six cents vignettes anglaises et françaises, d'après Desenne, Devéria, Johannot, Colin et autres. La plupart sont avant la lettre, sur chine et quelques pièces à l'eau-forte.

871. *Suites de gravures pour la Bibliothèque française, de Menard et Desenne. Épreuves avant la lettre.*

1. — *Barthélemy (l'abbé).* Suite de vingt-neuf gravures in-12, pour le voyage du jeune Anacharsis en Grèce. — Treize exemplaires.

2. — *Boileau.* Suite de huit gravures in-12, de Choquet, pour les œuvres. — Douze exemplaires.

3. — *Beaumarchais.* Suite de Sept gravures in-12, d'après Duvivier. — Deux exemplaires.

4. — *Colardeau.* Suite de trois gravures in-12, de Deveria. — Vingt-neuf exemplaires.

5. — *Collin d'Harleville.* Suite de neuf gravures in-12, d'après Choquet. — Trente exemplaires.

6. — *Corneille.* Suite de dix-sept gravures in-12, de Deveria. — Seize exemplaires.

7. — Mme *Cotin.* Suite de vingt-cinq gravures in-12, d'après Deveria. — Huit exemplaires.

8. — *Crébillon.* Suite de dix gravures in-12, d'après Deveria. — Vingt-huit exemplaires.

9. — *Demoustier.* Suite de dix-huit gravures in-12, d'après Desenne. — Six exemplaires.

10. — *Dupaty.* Suite de huit gravures in-12, d'après Duvivier. — Quatorze exemplaires.

11. — *Destouches.* Suite de onze gravures in-12, d'après Duvivier. — Vingt-deux exemplaires.

12. — *Fénelon.* Suite de huit gravures in-12, d'après Deveria. — Deux exemplaires.

13. — Mme *de Graffigny.* Suite de cinq gravures in-12, d'après Deveria. — Trente-six exemplaires.

14. — *Gresset.* Suite de neuf gravures in-12, d'après Deveria. — Vingt-six exemplaires.

15. — *Gilbert.* Suite de quatre gravures in-12, d'après Desenne. — Cinq exemplaires.

16. — *Hamilton.* Suite de huit gravures in-12, d'après Choquet, — Trente exemplaires.

17. — *La Fontaine.* Suite de vingt-et-une gravures in-18, d'après Desenne. — Neuf exemplaires.

18. — *Lafayette* (Mme). Suite de quatre gravures in-12, de Desenne. — Trente-deux exemplaires.

19. — *Lesage.* Suite de vingt-quatre gravures in-12, de Deveria, pour Gil Blas. — Dix-huit exemplaires.

20. — Suite de deux gravures in-12, de Deveria, pour le théâtre. Quarante-trois exemplaires.

21. — Suite de huit gravures in-12, d'après Deveria, pour Guzman d'Alfarache. — Douze exemplaires.

22. — Suite de huit gravures in-12, d'après Deveria, pour le Bachelier de Salamanque. — Dix-sept exemplaires.

23. — *Lefranc de Pompignan.* Suite de deux gravures in-12. — Vingt-huit exemplaires.

24. — *Molière.* Suite de vingt-et-une gravures in-18, d'après Desenne. — Un exemplaire incomplet. *8 exemplaires*

25. — *Prevost*. Suite de quatre gravures in-12, pour Manon Lescaut. — Cinq exemplaires.

26. *Marmontel*. Suite de quatre gravures in-12, d'après Duvivier. — Trente-sept exemplaires.

27. — *Piron*. Suite de trois gravures in-12, d'après Devéria. — Vingt-quatre exemplaires.

28. — *Racine*. Suite de treize gravures in-12, d'après Desenne.— Un exemplaire.

29. — *Racine (Louis)*. Suite de quatre gravures in-12. Trente-quatre exemplaires.

30. — *Regnard*. Suite de neuf gravures in-12, d'après Devéria. — Douze exemplaires.

31. — *Rousseau. (J.-J.)*. Suite de douze gravures in-12, de Deveria, pour Emile. — Six exemplaires.

32. — Suite de douze gravures in-12, d'après Deveria, pour Héloïse. — Cinq exemplaires.

33. — *Voltaire*. Suite de quatorze gravures in-12, pour les chefs-d'œuvre dramatiques, d'après Deveria. — Dix-huit exemplaires.

34. — Suite de quatre gravures in-12, d'après Duvivier, pour la Henriade. — Deux exemplaires.

35. — *La Fontaine*. Suite de neuf gravures in-12, pour les contes. — Seize exemplaires.

Portraits pour la même collection, en épreuves avant la lettre.

36. — *Montaigne*. Gravé par Bertonnier. — Soixante-quatre épreuves.

37. — *Labruyère*, gravé par Bovinet. — Trente-deux épreuves.

38. — *Bernard*, d'après Desenne. — Soixante-dix épreuves.

39. — *Bertin*, gravé par Bertonnier. — Soixante-quatre épreuves.

40. — *Bernis*, gravé par Guyard. — Quarante-sept épreuves.

41. — *Fontenelle*, gravé par Bovinet. — Trente-sept épreuves.

42. — *Buffon*, gravé par Bertonnier. — Quarante épreuves.

43. — *Régnier*, gravé par Boilly. — Quarante-deux épreuves.

44. — *Pascal*, gravé par Allais. — Cinquante épreuves.

45. — *Malherbe*, gravé par Bertonnier. — Soixante épreuves.

46. — *Montesquieu*, gravé par Prevost. — Soixante-trois épreuves.

47. — *Bossuet*, gravé par Bertonnier. — Quarante-six épreuves.

48. — Mme *Deshoulières*, gravé par Fossoyeux. — Trente-sept épreuves.

49. — Mme *de Sévigné*, gravé par Dequevauvilliers. — Soixante-sept épreuves.

50. *Rousseau* (J.-B.), gravé par Allais. — Trente-six épreuves.

51. — *Vertot*, gravé par Simonet. — Dix épreuves.

Suites diverses en nombre.

52. *Cervantès*. Suite de douze gravures in-8, d'après H. Vernet et Eug. Lami, pour Don Quichotte. — Vingt-deux exemplaires avant la lettre.

53. — *Le Tasse*. Suite de dix vignettes de Desenne, dont cinq entêtes. Edition Neveu, 1813. — Trente exemplaires, et beaucoup de défets.

54. — *Bernardin de Saint-Pierre*. Suite de cinq gravures in-18, d'après Corbould, pour Paul et Virginie. Edition donnée par Lefèvre. — Vingt-cinq exemplaires avant la lettre, trente exemplaires à l'eau-forte.

55. — Suite de quatre gravures faisant partie de la même collection, pour la Chaumière indienne. — Quatorze exemplaires avant la lettre et beaucoup de défets.

56. — *Bernardin de Saint-Pierre*. Suite de seize gravures in-8, d'après Lafitte, Moreau et autres, pour les œuvres. Edition de 1818. — Six exemplaires avec la lettre.

57. — *Devéria*. La Fontaine et Mme de la Sablière, gravé par Giraut. — Vingt-six épreuves avant la lettre, blanc et chine.

58. — Deux sujets in-8, pour Gil Blas, gravés par Lefèvre. — Vingt épreuves de ces deux pièces, à l'état d'eau-forte.

59. — *Fauchery*. Frontispice pour l'immortalité de l'âme. Poëme par de Norwins, d'après Ingres, in-8. — Vingt-six épreuves avant la lettre, sur chine.

60. — *Labeville*. Jeune fille se regardant dans l'eau, lithographie d'après Brun. — Dix épreuves.

61. — *Larbalestier*. Vue générale de l'ancien Paris, d'après Pernot. — Vingt-huit épreuves avant la lettre, sur chine.

62. — *Girodet* (d'après). Suite de trois gravures in-8, gravées par Bein, Muller et H. Dupont, pour les œuvres de Girodet. — Dix exemplaires avant la lettre.

RÉUNIONS DE PORTRAITS ET VIGNETTES

POUR LES AUTEURS CI-APRÈS DÉSIGNÉS

872. **Aissé** (Mlle). Belle réunion de portraits gravés pour illustrer les Lettres de Mlle Aïssé. Cinquante-sept pièces.

873. **Barthelémy**(l'abbé). Réunion de gravures diverses et portraits pour illustrer le Voyage du jeune Anacharsis en Grèce. Vingt pièces.

874. **Barthélemy**. Réunion de quarante-neuf portraits pour illustrer la Biographie des quarante de l'Académie française.

875. **Bernard**. Portraits de Bernard. Vignettes d'après Heim, Desenne, etc., pour les œuvres. Trente-quatre pièces avant et avec la lettre, sur chine et sur blanc.

876. Autre réunion de cinquante-huit vignettes et portraits pour le même auteur. Beaucoup sont avant la lettre, sur chine et à l'eau-forte.

877. **Bertin** (le chevalier). Réunion de portraits et vignettes, vues de France, etc., pour illustrer les OEuvres du chevalier Bertin. Quarantehuit pièces avant et avec la lettre.

878. **Boileau**. Vignettes tirées de différentes suites avant et avec la lettre. Très-belle réunion de portraits pouvant entrer comme illustration dans les œuvres de Boileau. Deux cent trois pièces.

879. **Boufflers**. Portraits divers, vignettes, d'après Moreau, Desenne, Monnet, pour les œuvres de Boufflers. Trente-quatre pièces. Plusieurs sont avant la lettre et à l'eau-forte.

880. **Bussy-Rabutin**. Réunion de vingt-quatre portraits d'Odieuvre, Saint-Aubin et autres, pour ses œuvres.

881. **Chenier** (André et **M.-J.**). Réunion de portraits et vignettes pour illustrer les œuvres de Chenier. Cent treize pièces avant et avec la lettre.

882. **Colardeau**. Vignettes d'après Desenne, Girodet, Devéria. Portraits de Colardeau et autres, pour ses œuvres. Quarante-neuf pièces. Beaucoup sont avant la lettre, sur chine et à l'eau-forte.

883. **Collé** (Charles). Belles réunion de portraits de personnages dont il est fait mention dans ses mémoires. Cent douze pièces, dont beaucoup avant la lettre, sur chine.

884. **Corneille** (P. et Th.). Portraits de Corneille et personnages divers. Vignettes d'après Desenne, Devéria, Prud'hon, Gravelot, Guérin, etc. Très-belle réunion, dont beaucoup de pièces avant la lettre, sur blanc et sur chine. Cent six pièces, dont quelques doubles à l'eau-forte.

885. **Crébillon**. Réunion de quarante portraits de Crebillon et personnages divers. Vignettes d'après Desenne et autres, pour ses œuvres. Beaucoup sont sur chine, avant la lettre.

886. **Delille** (Jaoques). Très-belle réunion de gravures d'après Johannot, Desenne, Devéria, Vernet, Girodet, etc. Portraits de Delille et personnages divers, pouvant illustrer ses œuvres. Deux cent soixante-dix-huit pièces. Les vignettes sont en partie sur chine, avant la lettre.

887. **Deshoulières**. Réunion de portraits des personnages dont elle parle, et de ceux auxquels ses vers sont dédiés. Portraits de Mme Deshoulières, par Schmidt, St.-Aubin, etc. Vignettes diverses. En tout quarante-deux pièces.

888. **Dibdin**. Vues de France et d'Angleterre, portraits pour illustrer son voyage bibliographique, archéologique et pittoresque en France. Cent trente-neuf pièces.

889. **Dorat**. Réunion de cinquante-cinq portraits et vignettes pour illustration des œuvres de Dorat.

890. **Ducis**. Réunion de portraits et vignettes tirées de différentes suites, pour les œuvres de Ducis. Trente-deux pièces.

891. **Du Deffand** (Mme). Belle réunion de portraits pour illustrer la correspondance de Mme Du Deffand, publiée par M. de Lescure. Cent cinquante-huit pièces, avant et avec la lettre.

892. **Dulaure**. Portraits de Dulaure, vues de Paris et des environs, pour l'Histoire de Paris. Soixante-dix pièces.

893. **Épinay** (Mme d'). Réunion de portraits de personnages dont elle parle dans ses œuvres, et vignettes prises dans les collections de Rousseau. Soixante-trois pièces, dont plusieurs avant la lettre.

894. **Fénelon et Bernis**. Portraits de Fénelon et du cardinal de Bernis, vignettes pour Télémaque, etc. Soixante-neuf pièces, dont plusieurs avant la lettre.

895. **Fléchier**. Réunion de quarante-quatre portraits et vignettes pour les Oraisons funèbres, par Fléchier, Mascaron et Bourdaloue. Quelques portraits et vignettes sont avant la lettre, sur chine et à l'eau-forte.

896. **Gilbert**. Portraits et vignettes pour illustrer les œuvres de Gilbert. Soixante et une pièces. Plusieurs vignettes et portraits sont avant la lettre.

897. **Gresset**. Vignettes d'après Desenne et autres. Vingt-deux portraits différents de Gresset, et personnages divers pour illustrer ses œuvres. En tout soixante-cinq pièces, dont quelques vignettes avant la lettre et à l'eau-forte.

898. **Hamilton**. Réunion de portraits anglais et français pour ses œuvres. Quatre-vingts pièces.

899. Labruyère, Chaulieu, Quinault et Dupaty. Portraits et vignettes pour les œuvres de ces quatre auteurs. Soixante-dix-neuf pièces.

900. Lebrun et Lagrange-Chancel. Portraits pour illustrer les œuvres de ces deux auteurs, plus un lot de vignettes, pour les œuvres de Ducis. En tout, quarante-deux pièces.

901. Legouvé. Vignettes d'après Desenne, Devéria et autres. Portraits de Legouvé et personnages dont il est question dans ses œuvres, etc. Quatre-vingt-dix-huit pièces. La plupart sur chine, avant la lettre.

902. Lesage. Portraits de Lesage. Gravures anglaises et françaises, avant, avec la lettre et à l'eau-forte ; portraits, cartes et vues diverses. Très-belle réunion pour l'illustration de Gil-Blas. Quatre-vingt-dix-huit pièces.

903. Lévis (le duc de). Réunion de portraits pour les œuvres de Levis : Souvenirs et portraits, 1780-1789. Trente et une pièces.

904. Longueville (Mme de). Portraits par Montcornet, Desrochers, Odieuvre, Roger et autres, pour illustrer l'ouvrage de M. Victor Cousin sur Mme de Longueville. Trente-trois pièces.

905. Marot (Clément). Belle réunion de portraits et vignettes, vues, etc., pour illustrer les œuvres de Clément Marot. Soixante-quatre pièces.

906. Massillon. Portraits et vignettes pour les œuvres de Massillon. Trente pièces.

907. Mathieu-Marais. Réunion de portraits pour illustrer le journal et mémoires sur la régence et le règne de Louis XV, 4 vol. in-8. 1868. Soixante-six pièces.

908. Millevoye. Très-belle réunion de portraits et vignettes d'après Desenne, Devéria, Alaux, Girodet, Isabey, Johanno

et autres, pour illustrer les œuvres de Millevoye. Soixante-
quatorze pièces. Beaucoup sont sur chine, avant la lettre
et à l'eau-forte.

909. Molière. Soixante-dix-neuf portraits différents de
Molière, vignettes, tirées des suites de Desenne et Johannot.
Portraits divers pouvant entrer comme illustration dans
ses œuvres. Deux cent cinquante-trois pièces. Beaucoup
sont avant la lettre, sur chine.

910. Montaigne et autres. Portraits et vignettes pour illustrer les œuvres de Montaigne, de Mme de Caylus, — Chapelle et Bachaumont et le château de Chambord. Soixante-
dix-sept pièces.

911. Montesquieu. Portraits de Montesquieu, vignettes et
personnages divers, pour illustration de ses œuvres. Trente-
neuf pièces.

912. Musset, Hugo, Mme Tastu. Vignettes et portraits
pour les œuvres de ces trois auteurs, plus un lot de portraits pour les chants et chansons populaires. En tout,
soixante-quatre pièces, avant et avec la lettre.

913. Orléans (la duchesse d'). Belle réunion de portraits
par Desrochers, Odieuvre, Roger, Petitot, pour illustrer
la correspondance de la duchesse d'Orléans. Cent treize
pièces.

914. Parny. Très-belle réunion de portraits et vignettes
d'après Desenne, Devéria, Girodet, Gérard, Johannot, tirées
de différentes suites, pouvant illustrer les éditions in-8 et
in-18 des œuvres de Parny. Cent seize pièces. Beaucoup
sont avant la lettre, sur chine et à l'eau-forte.

915. Pascal. Portraits de Pascal, par différents artistes, personnages dont il est question dans ses œuvres, par Odieuvre
et Desrochers. Sujets religieux. En tout, trente-huit pièces.

916. **Piron.** Réunion de portraits et vignettes par différents artistes pour illustrer les œuvres de Piron. Trente-deux pièces.

917. **Poètes français,** Réunion de portraits et gravures pour illustrer les six volumes in-8 des poëtes français, depuis le XII° siècle jusqu'à Malherbe. Cent sept pièces.

918. **Racine.** Trente-six portraits de Racine, par différents artistes ; vignettes et portraits de personnages auxquels sont dédiées ses pièces. Beaucoup sont sur chine, avant la lettre.

919. **Régnier.** Réunion de portraits pour illustrer les œuvres de Régnier. Dix-sept pièces.

920. **Riccoboni** (Mme). Portraits de Mme Riccoboni ; vignettes d'après Gravelot, Choquet et Desenne. Vingt pièces. Plusieurs avant la lettre, sur chine et à l'eau-forte.

921. **Rousseau** (J.-B.). Portraits et vignettes pour les œuvres de J.-B. Rousseau. Trente-neuf pièces.

922. **Rousseau** (J.-J.). Très-belle réunion de deux cent cinquante-trois portraits de différents personnages, dont il est fait mention dans les œuvres de Rousseau ; vignettes d'après Desenne, Devéria, Johannot et autres. Beaucoup sont avant la Lettre, sur chine.

923. **Sévigné** (Mme de). Belle réunion de portraits par Roger, Saint-Aubin et autres, vues de châteaux, etc., pour illustration des lettres de Mme de Sévigné. Deux cent trente-quatre pièces.

924. Portraits de Mme de Sévigné et de sa famille. Quarante-six pièces avant et avec la lettre.

925. **Souza** (Mme de). Vignettes d'après Mlle Ribaut, Chaillou et Desenne ; portraits. Quinze pièces en partie sur chine.

926. **Staël** (Mme de). Portraits et vignettes, vues d'Italie pour illustrer Corinne, par Mme de Staël. Vint-huit pièces.

927. Tallemant des Réaux. Réunion de quatre cent cinquante-huit portraits, par Th. de Leu, Daret, de Larmessin, Moncornet, Odieuvre, Desrochers, Saint-Aubin, etc., pouvant servir à illustrer les Historiettes de Tallemant des Réaux. Les portraits de Montcornet sont en partie avant les armes.

928. Tressan. Réunion de portraits et vignettes, d'après Devéria, Desenne, pour les œuvres de Tressan. Plusieur· pièces sont avant la lettre et à l'eau-forte.

PORTRAITS

ANONYMES.

929. *Dangeville* (Mlle), représentée en négligé et assise dans un fauteuil, gravure in-8, au pointillé. Epreuve remargée, très-rare.

930. *Artois* (le comte d'). Portrait in-8, au pointillé. En bas quatre vers commençant comme suit : *Sujet rebelle, homme sans foi,* etc. Très-belle épreuve, rare.

931. *Beaumarchais* (P. A. Caron de), en buste au milieu d'un nuage. Très-belle épreuve du premier état, avec le mot Tarare en petits caractères.

932. *Eon de Beaumont* (la Chevalière d'), in-8. Très-belle épreuve sans aucune lettre.

933. *Orléans* (Philippe, duc d'), dit Philippe Égalité. Petit buste de forme ronde, gravé à l'eau-forte sans aucune lettre. Très-rare.

AUDRAN (B.).

934. *Molière* (J. B. Poquelin de), d'après Mignard, in-8. Très-belle épreuve remargée.

BALECHOU (J.-J.)

935. *Crébillon* (Prosper Jolyot de), de l'Académie française, d'après Aved, in-4. Très-belle épreuve avec marge.

936. *Voltaire et Crébillon.* Deux portraits in-8 et in-4, d'après de la Tour et Aved. Belles épreuves.

BARBIER (J.).

937. *Turenne* (le vicomte de), maréchal de France, d'après Nanteuil, in-8. Deux épreuves dont une avant la lettre. Superbes épreuves avec marge.

938. *Turenne* (le vicomte de), — Estaing (Charles-Henri comte d'). Deux portraits in-8. Superbes épreuves avec marges.

939. *Le comte d'Estaing, le marquis de Montcalm.* Deux portraits in-8. Très-belles épreuves avec marges.

940. *Voltaire et J.-J. Rousseau.* Trois portraits in-8. Très-belles épreuves avec marges.

941. *Charles III, roi d'Espagne.* in-8. Rare. Belle épreuve.

BEAUVARLET (J.-F.).

942. *Bourgogne* (L. J. X. duc de), d'après Fredou, in-8. Très-belle épreuve avec marge.

BELJAMBE (P.).

943. Mme *Dugazon*, dans le rôle de Babet, d'après le Roy, in-8. Superbe épreuve avec marge.

BERTONNIER.

944. Portraits de poëtes et personnages célèbres, parmi lesquels *la comtesse du Barry*. 22 portraits in-8, avant la lettre. Beaucoup sont sur chine.

BLOOTELING (A.).

945. *Portsmouth* (Louise, duchesse de), d'après P. Lely, in-4. Très-belle épreuve.

BOILY (C.).

946. *Borde* (Charles), in-8. Belle épreuve avec marge.

BONNART (N.).

947. *Louis XIV* et personnages célèbres de son règne. Treize pièces.

BOSSE (A.).

948. *Larcher* (Michel). G. D. 554. Très-belle épreuve.

BOUCHER (D'APRÈS).

949. *Pompadour* (la marquise de), in-4, en manière noire. Superbe épreuve avec marge.

BOUCHER (D'APRÈS) ET LITTRET.

950. *Mme Favart* dans le rôle de Ninette, — Frontispice, — *Mme Favart*, in-18, sans nom d'auteur. Favart (Ch. S.). d'après Liotard. Quatre pièces in-8. Très-belles épreuves.

BOURGEOIS DE LA RICHARDIÈRE.

951. *Arnould* (Mlle Sophie), dans le rôle de Zyrphé, d'après de la Tour, in-8. Belle épreuve, plus un portrait de Mlle Dumesnil, gravé par Courbe. Deux pièces.

BOUTELOU.

952. *Caroline, reine de Naples*. Buste gravé en couleur au milieu d'ornements divers, in-4. Très-belle épreuve avec marge.

BOUTELOU.

953. *Chenier* (M. J. de), d'après C. Lefèvre. En bas une scène de Charles IX, in-8. Très-belle épreuve avec marges.

BOVINET.

954. *Dubarry* (la comtesse), in-8. Belle épreuve avec marge.

CARS (L.).

955. *Orléans* (J. P. Ch. d'), grand prieur de France, — *Mesmes* (J. J. de), Ambassadeur. Deux portraits in-4, d'après Raoux. Très-belles épreuves.

CATHELIN (L.-J.).

956. *Racine* (J.), d'après Santerre, — *Grafigny* (Mme de), d'après Garand. Deux portraits in-8. Très-belles épreuves avec marge.

957. *Les mêmes portraits*, Très-belles épreuves avec marge.

958. *Pompadour* (la marquise de), d'après Nattier. — *Jelliotte* (Pierre), de l'Académie royale de Musique, d'après Toqué. Deux portraits in-4. Très-belles épreuves.

959. *Rousseau* (J. J.), d'après De la Tour, in-8. Deux épreuves, dont une très-rare et superbe avant toutes lettres, avec marges.

960. *Stanislas, roi de Pologne*. — *Dupont de Nemours*. — *Meusnier de Querlon*. Trois portraits in-8, d'après Massé, Ducreux, Vispré. Belles épreuves.

CHENU ET LITTRET.

961. *Favart* (Mme), actrice, d'après Garand. — *Favart* (Ch. S.), comédien et auteur dramatique. Deux portraits in-8. Superbes épreuves avec marges.

CHEREAU (JACQUES).

962. *Sévigné* (Marie de Rabutin-Chantal, marquise de), in-8.
Superbe épreuve.

963. *Le même portrait.* Très-belle épreuve.

964. *Le même personnage*, gravé par Pelletier, d'après Lefèvre, in-8. Trois épreuves.

965. *Seissan* (J. Ant., comte de), capitaine général des armées
d'Espagne, in-8. Superbe épreuve.

CHEREAU ET SIMONNEAU.

966. *Philippe d'Orléans, régent*, d'après Santerre. — *Louis,
duc de Bourgogne*, d'après Rigaud. Deux portraits in-8.
Très-belles épreuves.

967. *Les mêmes portraits.* Très-belles épreuves.

CHOFFARD (P.-P.)

968. *Choffard* (P. P.), dessinateur et graveur. Buste dans une
guirlande de fleurs. Fleuron pour le second volume des
contes de Lafontaine, édition des fermiers généraux. Tirage
hors texte. Superbe et très-rare épreuve, à toutes marges.

969. *Larochefoucauld* (François VI, duc de), d'après Petitot.
Très-rare épreuve avant toutes lettres, à l'état d'eau-forte.

970. *Le même portrait.* Superbe épreuve imprimée sur vélin.
Marge.

Le même portrait. Superbe épreuve, sur chine volant. Marge.

Le même portrait. Superbe épreuve, avec grandes marges.

971. *Bonaparte* (le général), premier consul. Buste soutenu
par deux figures allégoriques, in-8. Superbe épreuve.
Grandes marges.

CHOFFARD (P.-P.).

972. *Palissot* (Ch.), lecteur de S. A. S. Mgr le duc d'Orléans. Deux portraits différents, d'après Monet, in-8. Superbes épreuves avec marges.

COCHIN (C.-N.). (D'APRÈS).

973. *Cochin* (C. N.), dessinateur et graveur du roi, d'après lui-même, par St-Aubin, in-4. Superbe épreuve à toutes marges.

974. *Marigny* (le marquis de), petit buste dans un médaillon au milieu de figures allégoriques, gravé par Prevost, in-8. Superbe épreuve avec grandes marges.

975. *Beaumarchais* (P. A. Caron de), gravé par Aug. de St-Aubin, in-4. Superbe épreuve avec marge.

976. *Le même personnage*, gravure in-8, d'après Cochin, sans noms d'auteurs. Très-belle épreuve.

976 *bis*. *Le même personnage*, gravé par le Roy, in-8. Superbe épreuve avec une grande marge.

977. *Thomas* (Antoine), de l'Académie française, gravé par D***. Très-rare épreuve avant les noms d'auteurs et avant l'adresse de Bligny, plus une épreuve avec les noms et l'adresse. Deux pièces.

978. *Favart* (Mme), actrice, gravée par Flipart, in-8. Très-belle épreuve du premier état, avant l'indication du tome dans le haut de la gravure.

979. *Thomas* (Antoine), — *Duclos* (Charles), — *Jéliotte* (P.), — *Henault* (Ch. Jean-François), quatre portraits in-4, gravés par Gaucher, St-Aubin et autres. Très-belles épreuves avec marges.

980. *Duclos* (Ch.), — *Jéliotte* (Pierre), — *Freron* (E. C.) Deux portraits différents. *Lully* (J. B.). Cinq portraits in-4,

gravés par St-Aubin, Hubert, Gaucher, etc. Très-belles épreuves avec marges.

981. *Freron* (E. C.), deux portraits différents, — *Henault* (Ch. J. F.), — *Lully* (J. B.), quatre portraits in-4, gravés par Gaucher, Hubert et Saint-Aubin. Très-belles épreuves avec marge.

982. *Lully* (J. B), — *Freron* (E. C.), deux portraits différents, — *Henault* (Ch. J. F.), — *Pierre* (J. B. M.). Cinq portraits in-4, gravés par Gaucher, Saint-Aubin, Hubert. Belles épreuves avec marges.

983. *Henault* (Ch. J. F.), — *Caylus* (le comte de), — *Fages* (le baron de), — *Philidor* (André Danican), — *Dortous de Mairan* (J. J.), — *La Condamine* (Ch. M.), — *Hume* (M. David), — *Miromesnil* (A. T. Hue, marquis de). Huit portraits in-4, gravés par Prevost, Miger, Choffard, St-Aubin de Launay et Gaucher. Très-belles épreuves avec marges.

984. *Watelet* (Cl. H.), — *Crébillon* (P. Joliot de), — *Bay de Curys* (L.), — *Vence* (le Comte de), *Lecomte* (Marguerite). Épreuve avant la lettre. Cinq portraits in-4, gravés par Watelet et Lempereur. Très-belles épreuves.

985. *Bitaubé* (P. J.), — *Rigoley de Juvigny* (J. A.), — *La Baume-le-Blanc* (L. C.), — *Chauvelin* (H. P.), — *Caylus* (le comte de), — *La Live de Jully* (A. L. de), — *Strogonoff* (le comte de), — *Vernet* (Cl. J.), — *Marmontel* (J. F.). Neuf portraits in-4 et in-8, gravés par St-Aubin, Nicolet, La Live de Jully, de Launay, Miger. Belles épreuves.

986. *Bitaubé* (P. J.), — *Caylus* (le comte de), — *La Live de Jully* (A. L. de), — *Voisenon* (l'abbé de), — *Henault* (Ch. J. F.). Six portraits in-8 et in-4, gravés par Gaucher, Dupin, Lalive de Jully; de Launay et St-Aubin. Très-belles epreuves.

COCHIN (C.-N.).

987. *Voyer* (Marc-René, marquis de), — *Alembert* (J. d'), *Watelet* (Cl. H.). Trois portraits in-4, d'après Watelet. Très-belles épreuves avec marges.

988. *Moreau le Jeune* (J. M.). dessinateur et graveur du Roi, par Aug. de Saint-Aubin. Belle épreuve remontée comme chine.

COSWAY (D'APRÈS).

989. *Dubarry* (Mme la comtesse), gravé par Condé, in-8. Superbe et très-rare épreuve avant toutes lettres, avec marges.

990. *Izabella Czartoryska*, in-folio en couleur. Très-belle épreuve.

CREPY (CHEZ).

991. *Molière* (J. B. Poquelin de), in-8. Belle épreuve. Rare.

992. *Anne, reine d'Angleterre.* — *Le duc de Savoye.* — *L'empereur Léopold.* — *J.-Ed. III, roy d'Angleterre.* — *M. le duc de Bourbon.* Cinq petits portraits in-8, avec ornements. Rares.

CROISIER.

993. *Fauchet* (Claude). Evêque du Calvados, in-4. Très-belle épreuve avec marge.

DAULLÉ (J.).

994. *Boileau Despréaux* (Nicolas), d'après Rigaud, in-8. Superbe épreuve avant la lettre avec marge.

995. *Orléans* (Louis duc d'), premier prince du sang, d'après Coypel, — *Fénelon* (Fr. de Salignac de la Mothe), d'après Vivien. Deux portraits in-8. Belles épreuves, un est double. Trois pièces.

DAULLÉ (J.).

996. *Polignac* (Melchior, cardinal de), in-8, d'après Rigaud. Deux épreuves d'états différents, l'un avec le nom du personnage sur la tablette et l'autre avec quatre vers latins. Belles épreuves.

DARET.

997. *Le duc d'Anjou,* — *marquis de Villeroy.* — *Le comte de Choiseul.* — *De Luynes.* — *De La Trémoille.* — *De Lesdiguières.* — *Grammont.* — *Fouquet.* — *Coligny,* — *De Gesvres.* — *D'Espernon, etc.* Vingt-huit portraits in-4. Très-belles épreuves avec marges.

997 *bis. Duchesse de la Trémoille.* — *Duchesse de la Meilleraye.* — *Duchesse de Luynes.* — *Marguerite de Lorraine, duchesse d'Orléans.* — *Princesse de Condé, etc.* Neuf portraits in-4. Superbes épreuves avec marges.

DEFRAINE.

998. *Gustave III, roi de Suède,* in-8, avec la scène de son assassinat dans le bas. Très-belle épreuve avec marge.

DE LAUNAY (N.).

999. *Choiseul* (Etienne-François, duc de), d'après Vanloo, in-4. Deux très-belles épreuves, dont une avant l'adresse de l'auteur, au bas de la gravure.

1000. *Fontenelle* (B. de), — *Grafigny* (Mme de), — *Gessner,* — *Rabelais* (F.), — *Rousseau* (J. B.), — *Lamotte-Fénelon* (F. de Salignac); — *Tencin* (Claudine A. Guérin de), — *La Fayette* (comtesse de), etc. Douze portraits in-18, d'après différents artistes, gravés pour les éditions Cazin. Très-belles épreuves.

1001. *Graffigny* (Mme de), — *Voisenon* (l'abbé de), — *Duchesnois* (Joséphine), — *Albouy d'Azincourt* (J. J. B.), —

Bonnard (Bernard de), — *Clément XIV*, — *Faipoult*, — *Duquesne* (Abraham). Huit pièces in-8 et in-18. Belles épreuves. Les portraits de Mme de Graffigny et de Voisenon sont avant la lettre.

1002. *Portrait de Necker*, in-8. Superbe épreuve avant toutes lettres. Grandes marges.

1003. *Clément XIV*, — *Tressan* (le comte de), — *Montgolfier* (les frères), — *Bonnard* (Bernard de), — *Voisenon* (l'abbé de), avant la lettre, etc. Neuf pièces, dont plusieurs doubles.

DELEGORGUE.

1004. *Sévigné* (Marie de Rabutin-Chantal, marquise de), d'après Nanteuil, in-fol. Très-belle épreuve.

DELVAUX (B.).

1005. *Harleville* (Colin d'), d'après Houdon, — deux épreuves avant et avec la lettre, — *Picard* (L. B). Deux épreuves, dont une lettre grise, avant le titre de membre de l'Institut. — Portrait d'homme avant la lettre, d'après Deteil. Deux épreuves. Six pièces. Très-belles épreuves.

1006. *Rousseau* (J. B.), d'après Aved, in-8. Trois épreuves différentes, à l'eau-forte, terminées avant la lettre, avec la tablette blanche et avant la lettre, avec la tablette ombrée. Très-belles épreuves avec marges.

1007. *Labruyère*, — *Th. Corneille*, — *le Roi de Prusse*, etc. Neuf pièces. Belles épreuves.

1008. *Saint-Non* (l'abbé de), — *Châtelet* (Mme du), — *Campistron* (J. G. de), — *Miromesnil* (le marquis de), — *Parny* (C.) Épreuve avant la lettre. Cinq pièces. Très-belles épreuves avec marge.

DELVAUX (R.).

1009. *Sévigné* (Marie de Rabutin-Chantal, marquise de), portrait gravé pour l'édition Cazin.

1010. *Le même personnage*, gravure en contre-partie du portrait précédent, sans nom d'artiste. Superbe épreuve de la plus grande rareté. *c/6 de C.*

1011. *Sévigné* (Mme de), — *Bossuet*, — *Crébillon*, — *Gresset*, *Molière*, — *Le Tasse*, — *Saurin*, — *Giron*, — *Palaprat*, — *Baron*, — *Lafontaine*, — *Joly*, — *Corneille*, etc. Dix-sept portraits in-18. Très-belles épreuves. Le portrait de Lafontaine est avant la lettre.

DESROCHERS (E.).

1012. *Princesse de Conti*, — *duchesse du Maine*, — *duchesse de Fontanges*, — *la comtesse de Lafayette*, — *duchesse de Bourgogne*, etc. Quatorze portraits in-8. Très-belles épreuves avec marge. Plusieurs sont doubles.

1013. *Fillon* (Mlle), dite la présidente, fameuse Proxénète. In-8. Très-belle épreuve avec marge. Rare.

1014. *Le même portrait*. Très-belle épreuve avec marge.

1015. Portraits de personnages français célèbres, princes et princesses de la maison de France et autres, etc. 270 pièces in-8, publiées par Desrochers. Beaucoup sont avec marges.

DESVACHEZ.

1016. *Lafontaine* (Mme de), d'après Mignard. Deux épreuves avant toutes lettres, sur blanc et sur chine.

DIEN (M.-F.).

1017. *Louis XIV*, — *Boileau*, — *Maleshesbes*, — *d'Aguesseau*, *Mme Rolland*, — *marquis de Ferrières*, — *Dussaulx*, — *Journiac de Saint-Médard*, — *d'Argenson*. — *de Ségur*, —

Bonchamp, — Dumouriez, — marquis de Bouillé, — saint François de Sales, — baron de Bezenval, — Ruthières, — Carnot, etc. — Trente et un portraits in-8, avant la lettre, en partie sur chine. Plusieurs sont doubles à l'état d'eau-forte.

1018. Vingt-quatre portraits doubles avant la lettre, du numéro précédent. En partie sur chine.

DIEN ET BEIN.

1019. *Lafontaine* (**J.** de), d'après Ingres, — Pascal, d'après Flandrin. Deux portraits in-fol. Très-belles épreuves avant la lettre.

DIVERS.

1020. *Eléonore Gwinn*, — *Anne de Meleun*, — *Mme de Genlis*, — *G. Anne Bellamy*, — *Mlle Crozat*, — *Mme Deshoulières*, — *duchesse de Chevreuse*, — *comtesse d'Osmont*, — *comtesse de Cagliostro*, — *Mme de Prie*, — *Mme Elizabeth*, *Jeanne d'Arc*, etc. — Dix-huit portraits par divers graveurs. Très-belles épreuves.

1021. *Grim*, — *Necker*, — *Reaumarchais*, — *Regnard*, — *Laya*, — *J. Mairet*, — *Voltaire*, — *Condillac*, — *Cervantes*, — *Bernis*, — cardinal de *Rohan*, — marquis de *Monteynard*, — *Palmezeaux*, — *Hamilton*, — *Delille*, — *Dupaty*, — Mme de *Pompadour*, par le Beau, etc. — Trente-deux portraits, par différents graveurs. Très-belles épreuves, plusieurs sont avant la lettre.

1022. *Gluck*, — le maréchal de *Saxe*, — Charles *Grand*, — *Boucher*, — *Chancel-Lagrange*, — Otto, — le duc de *Bourgogne*, — *Charles IX*, — *Restif de la Bretonne*, — *Descamps*, — *Bergasse*, — *Fénelon*, etc. — vingt-six portraits, par divers graveurs. Très-belles épreuves.

1023. La *Peyronnie*, par le Beau, — le duc de *Biron*, chez Bligny, — Jacques *Daran*, par Martinet, — le Prince *Charles de Lorraine.* Épreuve avant la tettre, etc. Six pièces in-8 et in-12. Très-belles épreuves.

1024. Mme *Lebrun,* — Henriette Adélaïde de *Savoie,* — Portrait de femme assise et écrivant, etc. — 4 pièces, par De Larmessin, Desrochers, Folo, etc. Une est avant toutes lettres.

1025. *Montcrif,* par Bovinet, — *Montesquieu,* — Ch. *Lebeau,* — le docteur *Widwer,* par Chevillet. 4 portraits in-8 et in-4. Superbes épreuves avant la lettre.

1026. Portraits d'hommes et de femmes, par M. Lasne, Mellan, Lochon, Masson, Wille, Daret, Picart, Trouvain, etc. 28 pièces. Belles épreuves.

DREVET (P.-J.).

1027. *Cisternay du Fay* (Ch. J. de), bibliophile, d'après Rigaud. — *Leblanc* (Cl.), homme d'État, d'après A. le Prieur. Deux portraits in-8 et in-4. Belles épreuves.

1028. *Mailly* (François, cardinal de), d'après C. Vanloo. Très-belle épreuve remargée. Rare.

1029. *Orléans* (Elisabeth Charlotte de Bavière, Duchesse d'), mère du Régent, d'après Rigaud, in-8 en travers. Superbe épreuve avant le texte au verso; petite marge.

1030. Le même portrait. Superbe épreuve du même état; grande marge.

1031. *Tressan* (L. de la Vergne de), archevêque de Rouen, d'après J.-B. Santerre. In-8. Belle épreuve avant la lettre.

DUFLOS (Cl.).

1032. *Lafontaine* (J. de), de l'academie française. In-4. Belle épreuve, avec marges.

1033. *Perrault* (Charles), de l'academie française, d'après de Troy. In-8. Très belle épreuve avant la lettre, marge.

DUGOURÉ (D'APRÈS).

1034. *Marion de Lorme*, — *Ninon de L'Enclos*, — *Gramont*. — *Buckingham*, — *Talleyrand*, comte de Chalais, — *Chevreuse* (la duchesse de), — Marie de *Gonzague*. — Neuf portraits in-8, par divers graveurs. Un est avant la lettre. Très-belles épreuves.

DUPIN.

1035. *Artois* (le comte d'), plus tard Charles X, d'après Hall. In-4, superbe épreuve avant l'adresse et la date dans la marge du bas, marge.

1036. Le même portrait. Superbe épreuve du même état.

DUPONT (M.-H.).

1037. *Chenier* (André), d'après Suvée. Très-belle épreuve avant la lettre, sur chine.

1038. *Desenne* (Alexandre), dessinateur. Épreuve avant la lettre, sur chine.

1039. Le même portrait. Épreuve avec la lettre.

1040. *Montaigne* (Michel de). Superbe avant la lettre, sur blanc et sur chine.

EDELINCK (G.).

1041. *Bussi* (Roger de Rabutin, comte de), lieutenant général des armées du Roi, d'après Lefebvre. In-4. Superbe épreuve, remargée.

1042. *Fléchier* (Esprit). — *Miramion* (Mme de), — Hérauld (Jean). Trois portraits in-8. Très-belles épreuves.

1043. Lafontaine (Jean de) de l'académie française, d'après Rigaud. In-4. Très-belle épreuve, avec marge.

1044. *Miramion* (Mme de). *Fléchier* (Esprit), — *Mascaron* et St-Evremont. Quatre portraits, in-8. Belles épreuves.

EDELINCK (GÉRARD).

1045. *Vérien* (Nicolas), graveur. Deux épreuves des 2e et 3e états. — *Herauld* (Jean), seigneur de Gourville, d'après Rigauld. — *Fléchier* (Esprit), Evesque de Nismes, Trois portraits in-8. Très-belles épreuves.

EDELINCK (N.).

1046. *Sévigné* (Marie de Rabutin-Chantal, Marquise de), d'après Nanteuil. Tres-belle épreuve du 1er état, avant le trait d'union entre les mots Rabutin et Chantal. Elle a de la marge.

EDELINCK ET VAN SCHUPPEN.

1047. *Tallemant* (Paul). *Lefevre de Caumartin*, — Cl. *Bazin*, etc. Quatre portraits, in-fol. Belles épreuves.

ESNAUT ET RAPILLY (PORTRAITS PUBLIÉS PAR).

1048. *Piemont* (Charles-Emmanuel-Ferdinand-Marie, Prince de), d'après Vanloo, — *Pope* (Alexandre), d'après Kneller et Marillier. Deux portraits in-8, gravés par Le Beau, superbes épreuves avant les numéros, avec grandes marges.

1049. *Lavrillière* (L. Philipeaux, duc de), d'après Marillier. Épreuve d'un premier état, avec l'enseigne : A la Croix de Lorraine, et la planche plus grande. — *Sartine* (Ant. R. Jean-Gualbert de), lieutenant de Police. Épreuve du premier état avec l'enseigne indiquée ci-dessus et avant les titres de ministre et secrétaire d'État. — *Choiseul* (Étienne Francois, duc de), d'après Marillier. Trois beaux portraits in-8. Superbes épreuves avant les numéros, grandes marges.

1050. Les mêmes portraits. Très-belles épreuves avant les numéros. Les portraits de Sartine et Lavrillière sont du deuxième état, grandes marges.

ESNAUT ET RAPILLY.

1051. *Cossé-Brissac* (J. P. comte de), d'après Marillier, — *Pucelle* (René), conseiller au parlement, d'après Desrais, —
Belloy (Pierre-Laurent de), d'après Desrais. Trois portraits
in-8 gravés par Le Beau. Très-belles épreuves avant les
numéros, grandes marges.

1052, *Louise-Marie de France*, carmélite, d'après Queverdo,—
Provence (le comte de), — *Necker*, directeur des finances,
d'après Le Clerc, — *Conti* (le prince de), grand prieur de
France,—*Tourville* (le comte de), amiral de France, d'après
Desrais, — Belloy (P. L. de), d'après Desrais. Six portraits
in-8, gravés par Le Beau. Très-belles épreuves avec les numéros, grandes marges.

1053. *Dorat, Fréron* et *d'Alembert*. Trois portraits in-8, gravées par Dupin et Hubert, d'après Cochin et Pujos. superbes épreuves avant les numéros, grandes marges.

1054. *Dorat* et *Fréron*. Deux portraits in-8, gravés par
Dupin et Hubert. Suberbes épreuves avant les numéros,
grandes marges.

1055. *Louis XV* et *Marie Leczinska*, — le comte et la
comtesse de *Provence*. Quatre portraits in-8, gravés par Le
Beau, Duponchelle et Duhamel, d'après Nattier, Vanloo et
et Queverdo. Très-Belles épreuves, dont trois remargées.

1056. *Bourbon* (L. H. J. de Bourbon Condé, duc de), —
Bourbon (L. Marie Th. Bathilde d'Orléans, duchesse de).
Deux portraits in-8, gravés par Dupin et Vangelisty. Su-
perbes épreuves avant les numéros, grandes marges.

1057. *Penthièvre* (Louis-Jean-Marie, duc de); — *Mancini Nivernois* (Louis-Jules, duc de), — Maurepas (J, F. Phely-
peaux, comte de). Trois portraits in-8, gravés par Dupin

et Hubert, d'après Queverdo et Vigié. Très-belles épreuves avant les numéros, grandes marges.

1058. *Penthièvre* (L. J. M. duc de), — *Larochefoucault* (Dominique de), cardinal archevêque de Rouen, — *Orléans de la Motte* (L. F. G. d'), évêque d'Amiens, — *Cossé Brissac* (J. P., comte de), — *Preville* (P. L. Dubus de), comédien Français, Cinq portraits, in-8, gravés par Dupin, Hubert Le Beau. très-belles épreuves avant les numéros, grandes marges.

1059. *Beaumont* (Christophe de), archevêque de Paris, — *Bertin* (J.-B.), ministre et secrétaire d'État, — *Beaumarchais* (P. A. Caron de), — *Préville* (P. L. Dubus de), — Rodney (Georges), amiral anglais. Cinq portraits, in-8, gravés par Dupin, Delatre et Hubert. Très-belles épreuves avec les numéros.

1060. Le duc de *Choiseul*, — J. B. *Bertin*, — *Mancini-Nivernois*, — De la *Condamine*, — De *Cossé-Brissac*, — De *Maurepas*, — le duc de *Lavrillière*, — Marie *Leczinska*. Huit portraits, in-8, gravés par Le Beau, Duponchelle, Dupin, Hubert et Cochin. Très-belles épreuves, remargées.

1061. *Dutey* (Mlle), célèbre comédienne, gravé par Le Beau, d'après l'Aîné. Quatre épreuves avec les numéros.

1062. *Pompadour* (La marquise de), gravé par Le Beau, d'après Queverdo. Très-belle épreuve, remargée.

FESSARD (Et.).

1063. *Dorat.* Petit buste au milieu d'attributs divers, grand in-8, d'après Hoin. Superbe épreuve avec marge.

1064. Duchâtelet. (Mme). In-8. Très-belle épreuve, remargée.

FICQUET (Étienne).

1065. *Ariosto* (Lodovico), (f. 3). Très-belle épreuve du troisième état, avant la bordure de perles, plus une épreuve avec cette bordure. Deux pièces. *B*

1066. Le même personnage (f. 4), Très-belle épreuve du quatrième état, avant toutes lettres, plus une épreuve avec les noms. Deux pièces.

1067. *Bèze* (Théodore de), (f. 15). Belle épreuve.

1068. *Boileau-Despréaux* (Nicolas), (f. 18). Superbe épreuve du deuxième état. De la plus grande rareté.

1069. *Bossuet* (Jacques Benigne), d'après Rigaud (f. 20). Superbe épreuve du premier état, avant la lettre. De la plus grande rareté.

1070. *Chennevières* (de), (f. 31). Superbe épreuve du deuxième état, avec le mot : Sincère, écrit cincère. Marge.

1071. Le même portrait. Deux belles épreuves des troisième et quatrième états. *B*

1072. *Cicero* (Marcus Tullius), (f. 32) Trois épreuves.

1073. *Corneille* (Pierre), d'après Le Brun (f. 34). Surperbe épreuve avant les noms des artistes, avec marges. Rare. *D*

1074. Le même portrait, Superbe épreuve avec les noms des artistes, marge.

1075. *Crébillon* (Prosper Joliot de), d'après Aved (f. 35). Très-belle épreuve, avec marges.

1076. *Descartes* (René), d'après Hals (f. 39). Superbe épreuve avant les noms des artistes.

1077. Le même portrait. Très-belle épreuve avec les noms, marge.

1078. *Eisen* (Charles), d'après Vispré (f. 51). Superbe épreuve avec marges.

1079. *Fénelon* (F. de Salignac de Lamothe), d'après Vivien.

(f. 58). Superbe et très-rare épreuve du deuxième état. La guirlande de Roses et le ruban qui s'y trouve entrelacé, sont à l'eau-forte, marge.

1080. Le même portrait. Superbe épreuve du troisième état, avant les noms des artistes, marge.

— Le même portrait. Très-belle épreuve du quatrième état, avec les noms des artistes, marge.

— Le même portrait. Copie de la même grandeur. Très-belle épreuve sans aucunes lettres, marge.

1081. *La Fontaine* (J. de), d'après Rigaud (f. 61). Superbe épreuve, dite au ruisseau blanc, belle marge.

1082. Le même portrait. Superbe épreuve du même état que le précédent.

— Le même portrait. Très-belle épreuve, avec le ruisseau ombré.

1083. *Le même personnage*, d'après Rigaud (f. 62). Superbe épreuve avant l'encadrement, avec les noms du personnage en caractère d'impression sur la tablette blanche. Petite marge. Rare.

1084. Le même portrait. Superbe épreuve avec la bordure et avec les noms du personnage en caractères italiques sur la tablette ombrée. Grandes marges.

1084 *bis*. Le même portrait. Très-belle épreuve du même état et même condition.

1085. *Fontanges* (Marie-Angélique de Scoraille de Roussille, duchesse de), (f. 63). Deux très-belles épreuves avec l'adresse d'Odieuvre. Une a une bordure ornementée, ajoutée par l'impression d'une autre planche.

1086. *La Cour* (Jacques de), (f. 81.) Belle épreuve avec marges.

1087. *Leibnitz* (Godefroi Guillaume), (f. 87.). Belle épreuve.

FICQUET (Étienne).

1088. *La Mothe le Vayer* (F. de), d'après Nanteuil (f. 84). Superbe épreuve, avant les noms des artistes. Marge.

1089. Le même portrait. Très-belle épreuve, avec les noms. Marge.

1090. *Le même personnage* (f. 85), d'après Nanteuil. Très-belle épreuve.

1091. *Louis XV* (f. 91). Très-belle épreuve. Petite marge.

1092. *Maintenon* (Françoise d'Aubigné, marquise de), d'après Mignard (f. 93, 2° planche). Superbe épreuve sur papier double. Grandes marges.

1093. *Molière* (J.-B. Poquelin de), d'après Coypel (f. 101). Très-belle épreuve, avant les noms des artistes et avec le fond nuancé, 3° état. Rare.

1094. Le même portrait. Superbe épreuve avec les noms des artistes. Marge.

1095. *Montaigne* (Michel de), d'après Dumoustier (f. 102). Superbe épreuve avant les noms des artistes. Marge.

1096. Le même portrait. Très-belle épreuve avec les noms. Marge.

1097. *Regnard* (Jean-François), d'après Rigaud (f. 122). État non décrit, l'entourage seul, avant beaucoup de travaux : le fond est entièrement blanc, antérieur à celui indiqué dans le catalogue Faucheux où le portrait se trouve gravé au trait. Marge.

1098. Le même portrait. Superbe épreuve, avant les noms des artistes. Marge.

1099. Le même portrait. Très belle épreuve, avec les noms. Marge.

FICQUET (ÉTIENNE).

1100. *Rousseau* (J.-B.), d'après Aved (f. 131). Très-belle épreuve du 4e état, avant les ombres sur la guirlande et les masques.

1101. Le même portrait. Belle épreuve, avec les ombres.

1102. *Rousseau* (J.-J.), d'après de La Tour (f. 132). Superbe épreuve, avant les noms des artistes. Marges.

1103. Le même portrait. Très-belle épreuve, avec les noms. Marge.

1104. *Saugrain* (Guillaume-Claude), (f. 135). Très-belle épreuve, avec grandes marges.

1105. *Swift* (le docteur), (141). Belle épreuve.

1106. *Vadé* (J.-Jos.), d'après Richard (f. 150). Superbe épreuve.

1107. *Vander-Meulen* (Ant.-Fr.), d'après Largillière (f. 96). Superbe épreuve avant la lettre et avant le texte au verso. Grandes marges.

1107 *bis*. Verkolic (Nicolas) (f. 156). Très-rare épreuve d'un premier état non décrit, le buste seul, avant la bordure.

1108. *Voltaire* (François-Marie-Arouët de), d'après de La Tour (f. 162). Superbe et très-rare épreuve du 2e état, avant toutes lettres, avec les ornements à l'eau-forte et avant beaucoup de travaux. Marge.

1109. Le même portrait. Très-belle épreuve.

1110. Portraits publiés dans la suite d'Odieuvre. Trente-cinq pièces. Très-belles épreuves avec l'adresse d'Odieuvre. Marges.

1111. Vingt-deux portraits doubles du numéro précédent. Beaucoup sont avec l'adresse d'Odieuvre.

1112. Portraits gravés pour la Vie des peintres de Descamps, parmi lesquels *Van Dyck*, *Van-Huysum*, J. de *Witt*, Mme *Wolters*, etc. Neuf pièces. Très-belles épreuves, avant le texte au verso.

FLIPPART ET LITTRET.

1113. *Favart* (Mme), actrice, d'après C.-N. Cochin fils. Épreuve du 1er état, avant l'inscription dans le haut. — *Favart* (Ch.-S.), comédien et auteur dramatique, d'après Liotard. Deux portraits in-8. Superbes épreuves avec marges.

FROSNE.

1114. *Henriette de France*, — Anne d'*Autriche*, — Philippe d'*Orléans*, — Cardinal *Chigi*, — le duc d'*Enghien*, — le grand *Condé*, — le duc de *Modène*, — le duc de *Savoye*, etc. Quatorze portraits in-4. Très-belles épreuves avec marges.

G. M. B.

1115. Mme de *Lavalette*. Petit buste gravé au pointillé, ovale, in-12. Superbe épreuve. Rare.

GAUCHER (Charles-Étienne).

1116. *Son portrait*, gravé par son élève, A.-P. B., d'après de Noireterre, in-12. Très-belle épreuve.

1117. *Dubarry* (la comtesse). Petit buste dans un médaillon entouré d'une guirlande de roses, d'après Drouais, in-8. Magnifique épreuve, avant la lettre, avec les noms des artistes à la pointe, grandes marges. Excessivement rare en aussi belle condition.

1118. *Graffigny* (Mme de), d'après De la Tour. Très-rare et superbe épreuve, avant toutes lettres, à l'état d'eau-forte ; les noms des artistes sont gravés à la pointe. Petite marge.

1119. Le même portrait. Superbe et rare épreuve terminée, avant la lettre ; grandes marges.

1120. *La Fontaine* (J. de), d'après Rigaud, très-petit ovale : trois épreuves, une avant toutes lettres, à l'eau-forte, une terminée, avant la bordure, et la troisième avec la bordure. Très-rares ; superbes épreuves avec marges.

GAUCHER (CHARLES-ÉTIENNE).

1121. *Le Bas* (Jacques-Philippe), graveur du cabinet et du roi, d'après Cochin. Buste dans un médaillon, soutenu par deux figures allégoriques, in-8. Superbe et très-rare épreuve, à l'état d'eau-forte, de la plus grande rareté.

1121 bis. Le même portrait. Superbe et rare épreuve terminée, avant les deux lignes au bas du portrait, donnant l'explication des figures allégoriques. Grandes marges.

1122. *Leczinska* (Marie), reine de France, d'après Nattier, in-8 en largeur. Superbe et rare épreuve, avant la lettre, avec marge. Très-rare en aussi belle condition.

1123. Le même portrait. Très-belle épreuve, avec la lettre ; très-grandes marges.

1124. *Montausier* (Charles de Sainte-Maure, duc de), d'après Ferdinand, in-8. Superbe et très-rare épreuve du premier état, avec les noms des personnages, en petits caractères, sur la tablette qui est blanche ; les noms des artistes sont gravés à la pointe. Petite marge.

1125. Le même portrait. Très-rare épreuve du même état que le précédent, mais remonté comme chine.

1126. Le même portrait. Très-belle épreuve, avec la lettre en gros caractères, sur la tablette qui est couverte de tailles. Grandes marges.

1127. *Lamoignon-Malesherbes* (Chrétien-Guillaume de), in-8. Superbe épreuve, avant toutes lettres, avec la tablette blanche, plus une épreuve avec la lettre. Les deux à toutes marges.

1128. Les mêmes portraits ; mêmes états. Très-belles épreuves avec marges.

1129. *La Mothe Fénelon* (François de Salignac de), d'après Vivien. Deux portraits différents, in-8 et in-18. Celui in-18 est double avant la lettre et à l'eau-forte. Trois pièces. Superbes épreuves. Grandes marges.

1130. *Buffon* (le comte de), d'après Drouais, — *Diderot*, d'après Greuze; deux portraits in-8 et in-18. Superbes épreuves, avant la lettre, grandes marges.

1131. *Racine* (Jean), de l'Académie française, d'après Santerre, — *Corneille* (Pierre), d'après Le Brun; deux portraits in-8. Très-belles épreuves, avec grandes marges.

1132. *Bossuet* (Jacques-B.), évêque de Meaux, d'après Rigaud, in-8. Superbe épreuve, avec marges.

1133. *Bossuet*, d'après Rigaud, — *Cervantes* (Michel de), d'après Quéverdo; deux portraits in-8, superbes épreuves avec marges. Le portrait de Cervantes est avant la lettre.

1134. *Larochefoucauld* (François VI, duc de), d'après Petitot, in-18. Deux superbes épreuves, avant la lettre, à l'état d'eau-forte et terminée; grandes marges.

1135. Les mêmes portraits. Mêmes états et mêmes conditions.

1136. *Dupaty* (Ch.), d'après Notté, — *Vergennes* (le comte de); d'après Callet, deux portraits in-12; superbes épreuves. Le portrait de Dupaty est double, avant la lettre. Marges.

1137. *Cervantes* (Michel de), d'après Queverdo, — *Corneille* (P.), d'après Le Brun; deux portraits in-8, superbes épreuves avec marges. Le portrait de Cervantes est avant la lettre.

1138. *Gustave III*, roi de Suède, d'après Lavreince, in-4. Très-belle épreuve, avec marges.

1139. *Dupaty* (Ch.), — *Sicard*, instituteur des sourds-muets, — *Cailhava* (Jean-Fr.), *Villette* (Ch.), — *Cossé-Brissac* (le duc de); cinq portraits in-8 et in-18, d'après différents maîtres. Belles épreuves.

1140. Les mêmes portraits. Belles épreuves.

GAUCHER.

1141. *Baïf* (J.-A.), — *Orléans* (Ch. duc d'), — *Passerat* (Jean), — *Sainte-Marthe* (Gaucher de), — *Bellay* (Joachim du), *Bartas* (G. Saluste du), — *Marot* (Clément), etc.; neuf portraits in-8. Belles épreuves.

1142. *Roland* (Mme), d'après Nicollet, —*Fréron*(E.-C.), d'après Cochin,— *Le Normant du Coudray* (Ch.), d'après Le Gay,— *Frédéric-Guillaume*, roi de Prusse, d'après Cochin; quatre portraits in 8. Belles épreuves.

1143. *Dusaulx* (J.), — *Dupaty* (Ch.), — *Gail* (J.-B.), — *Kotzebue* (E. de), — Fanny *Beauharnais*, — *Nicole* (l'abbé), — *Caylus* (Ch.-G. de Tubières de), évêque d'Auxerre, — *Florian* (J.-P. de), — *Le Fort* (François), — *Piis* (A.-P.-A. de), etc. Quinze portraits in-8, d'après différents artistes. Très-belles épreuves; plusieurs sont doubles avant et avec la lettre.

1144. *Dupaty* (Charles). Deux portraits différents, d'après Notte, in-4 et in-12. Superbes épreuves, dont l'in-12 avant la lettre.

GAUCHER ET LEMIRE.

1145. *Bernis* (le cardinal de), d'après Callet, — *Larochefoucauld* (François VI, duc de), d'après Petitot; deux portraits in-18. Superbes épreuves avant la lettre, avec grandes marges.

GAULTIER, DE LEU ET WIERIX.

1146. Prince de *Condé*, — de *Conti*, — Louise de *Lorraine*,— *Godelle*,— *Louis XIII*,—*Abert*, archiduc d'Autriche, etc.; huit portraits in-8. Belles épreuves.

GRAVELOT (H.). (D'APRÈS).

1147. Henri III et Louis XV, rois de France; deux portraits gravés , par L. Cars, in-8, en travers. Très-belles épreuves, avant le texte au verso ; marges.

1148. Buste de Louis XV, dans un ovale, soutenu par deux amours, gravé par N. de Launay, in-18, en travers. Superbe épreuve avec marge.

GREATBACH.

1149. Mme de Sévigné, d'après le portrait peint par Harding et donné à Horace Walpole, par Mme de Simiane. Très-rare épreuve, avant la lettre, dont il n'y a eu que douze tirées.

HABERT (N.).

1150. *Dominique* (Joseph), d'après Ferdinand, in-4. Très-belle épreuve.

HABERT (F.).

1151. *Charles X*, roi de France, in-8. Superbe épreuve, avant la lettre. Marge. Rare.

HENRIQUEZ (B.-L.).

1152. *Mercier* (Louis-Sébastien), avocat au Parlement, d'après Pujos. in-8; superbe épreuve, avant la lettre, plus une épreuve avec la lettre. Deux pièces.

HUOT.

1153. *Frédéric II*, roi de Prusse, d'après Ramberg, — *Trenck* (F. baron de), d'après Figer; deux portraits in-8. Très-belles épreuves, à toutes marges,

INGOUF.

1154. Fontenelle, — Montreuil, — Sarazin, — Voiture, — Perrault, — Crébillon, — Malherbe, — Le Moine, — De La Mothe, — Piron, — Scarron, — Mme Deshoulières, — Boileau. — Corneille, — Racine, — Destouches, — Rousseau, — Regnard, — Chapelle, — Racan. — Charron et Sartine, etc. Trente-quatre portraits in-12; plusieurs sont doubles en différents états. Très-belles épreuves.

JANET (Portraits publiés par).

1155. Mme de *Grignan*, — Marguerite de *Valois*, — Henriette d'*Angleterre*, — Mme de *Montespan*, — Mme de *la Vallière*, — Mlle de *Fontanges*, — Mlle de *Montpensier*, — Mlle de *Lafayette*, etc. Trente-cinq portraits in-8 en manière noire, par différents graveurs ; plusieurs sont doubles.

JANINET.

1156. *Dugazon* (Mme), rôle de Nina, d'après Dutertre, — Favart (Mme), rôle de Roxelane ; deux portraits in-8, en couleur. Très-belles épreuves, avec marges.

1157. Portraits d'acteurs et d'actrices, représentés dans différentes comédies. Trente-six portraits gravés en couleur, reliés en 1 vol. in-4.

JOLLAIN (A Paris chez).

1158. *Orléans* (Henriette d'Angleterre, duchesse d') ; in-4, sans noms d'auteur, Très-belle épreuve.

LANDRY.

1159. *Louis XIV*, d'après François, in-8. Superbe épreuve ; rare.

1160. Louis XIV et Marie-Thérèse ; deux portraits in-8. Épreuves remargées.

LANGLOIS (P.-G.).

1161. *Voltaire* (F.-M. Arouet de), d'après De Latour, pour la Pucelle, édition in-4, de Kehl. Très-rare épreuve, avant la lettre, avec marge, plus une épreuve avec la lettre.

LANGLOIS (P.-G.).

1162. Le même personnage, réduction in-8 du portrait précédent, publié dans le Voltaire de Kehl. Superbe épreuve, avant la lettre, plus une épreuve avec la lettre, sur chine volant.

LARMESSIN (N. De).

1163. *Duguay-Trouin* (René), amiral, In-8. Très-belle épreuve avec marge, plus le même personnage, sans nom de graveur. Deux pièces.

1164. Mme de *Montespan*, — Princesse de *Conti*, — Duchesse de *Bourbon*, — Henriette d'*Angleterre*, — la grande *Dauphine*, — Duchesse de *Guise*, etc. Quinze portraits in-4; superbes épreuves avec marges.

1165. Personnages français célèbres. Princes de la maison de France et portraits étrangers. Quarante-huit portraits in-4. Très-belles épreuves avec marges,

LAUGIER.

1166. Scarron (Mme), d'après le dessin de Mme Jaquotot, d'après Petitot. Superbe épreuve avant la lettre et la bordure, plus une épreuve avec la lettre.

LE BEAU.

1167. *Dubarry* (Mme la comtesse), in-8, dans un entourage ornementé, d'après Marillier. Superbe épreuve avant le numéro. Grande marge.

1168. *Desbrosses* (Mlle), de la Comédie italienne, in-4. Superbe épreuve avant le numéro, avec marges.

1169. *Artois* (Charles-Philippe de France, comte d'), — *Provence* (Louis-Stanislas-Xavier de France, comte de). Deux portraits in-4, d'après Marillier. Superbes épreuves avant les numéros, marges. Le comte de Provence est gravé par Duhamel.

1170. *Maillard* (Mlle), de l'Académie royale de musique, — *Vence de Saint-Vincent* (dame Julie de Villeneuve), petite-fille de Mme de Sévigné. Deux portraits grand in-8. Belles épreuves.

LE CARPENTIER (C.).

1171. *Fragonard* (Honoré). Portrait in-8, gravé à l'eau-forte. Superbe épreuve avec marge, de la plus grande rareté.

LE GRAND (L.).

1172. *Dubarry* (Mme la comtesse), in-8, dans un entourage ornementé, en bas quatre vers. Très-belle épreuve rare, plus un portrait de la même personne publié chez Bligny, in-4.

LÉLY (P.). (D'APRÈS).

1173. *Mazarin* (Ortance Mancini, duchesse de), in-4, en manière noire, par Valck. Très-belle épreuve, avec marge.

1174. Le même personnage, d'après le même peintre, in-4, manière noire par A. de Blois. Superbe épreuve, avec marge.

1175. Le même personnage, d'après le même peintre, in-4. Manière noire, par Verkolye. Très-belle épreuve.

1176. Le même personnage, in-4. Manière noire par un gra-veur à monogramme. Très-belle épreuve, remargée.

LE MIRE (N.).

1177. *Louis XV*, roi de France, buste dans une bordure sou-tenue par des amours, in-8. Superbe épreuve, avec marge.

1178. Le même portrait. Très-belle épreuve, plus une copie, gravée en Angleterre par Trottes. Deux pièces.

LE MIRE (N.).

1179. *Louis XVI*, roi de France. Deux portraits différents, in-8 et in-4, d'après Duplessis. Très-belles épreuves, avec marges.

1180. *Miromesnil* (Hue de), in-4 en largeur, dans le fond une vue de la ville de Rouen. Superbe épreuve avant la lettre, avec marge.

1181. Le même portrait, même condition.

1182. *Piron* (Alexis), d'après Lepicié, in-8. Deux très-belles épreuves dont une avant l'adresse au bas de la gravure, rare.

1183. *Saint-Foix* (Poullain de), d'après Pougin de Saint-Aubin et Marillier. Superbe épreuve à toutes marges, — Jeanne d'Arc, d'après un tableau de l'Hôtel de ville d'Orléans in-18. Très-belle épreuve. Deux pièces.

LEROUX.

1184. *Regnard* et *Marmontel*. Deux portraits in-8. Épreuves avant la lettre. Le *Marmontel* est sur chine.

1185. Les mêmes portraits. Épreuves avant la lettre. Le *Regnard* est à l'eau-forte.

LINGÉE (Mme).

1186. *Colardeau* (Charles-Pierre), de l'Académie française, d'après Trinquesse, in-4, en bistre. Très-belle épreuve avec marges.

1187. *Le Tourneur* (P.-P. Félicien), in-4, d'après Pujos. Superbe épreuve avant la lettre, avec marges, plus une épreuve avec la lettre.

1188. *Vilette* (Mme la marquise de), surnommée belle et bonne par Voltaire, d'après Pujos, in-4. Superbe épreuve, avec marges.

LITTRET (Cl.-Ant.).

1189. *Favart* (Ch.-S.), comédien et auteur dramatique, d'après Liotard, in-8. Très-rare et superbe épreuve avant la lettre, plus une épreuve avec la lettre. Deux pièces.

1189 *bis*. *Pompadour* (la marquise de), d'après Schenau, in-4. Superbe épreuve, avec marge.

1190. *Belloy* (P. L. de), — *Montesquieu* (Ch. Secondat de), d'après de Séve. Deux portraits avec figures allégoriques, in-4 et in-8. Belles épreuves avec marges.

LITTRET ET BENOIST,

1191. Clairon (Hippolyte de la Tude). Deux portraits différents. Très-belles épreuves.

LOUIS XVI ET MARIE-ANTOINETTE (Portraits de).

1192. *Louis XVI et Marie-Antoinette.* Deux portraits in-8, gravés par Le Beau. Très-belles épreuves, remargées.

1193. *Louis XVI et Marie-Antoinette.* Deux portraits in-8, gravés par Hubert et Voyez. Très-belles épreuves avant les numéros.

1194. *Marie-Antoinette.* Gravure sans noms d'auteurs, publiée chez Esnaut et Rapilly. Deux épreuves, dont une du premier état, avant le privilége du roi. Belles épreuves.

1195. La France tenant deux médaillons, sur l'un desquels on voit le *Roi* et la *Reine* et sur l'autre, le *Dauphin* et *Madame*, gravé par Pruneau, in-4. Superbe épreuve, avec marge.

1196. *Louis XVI,* d'après Boze, par Gabrielli, in-8. Deux épreuves, dont une avant toutes lettres, marges.

1197. *Louis XVI.* Deux portraits différents, l'un gravé par Lemire, d'après Duplessis et l'autre publié chez Esnaut et

Rapilly, sans noms d'auteurs. Très-belles épreuves, avec marge.

1198. *Louis XVI*. Trois portraits différents gravés par Lemire, Massard et Le Beau, d'après Duplessis, Godefroy et Nicolet. Belles épreuves avec marges.

1199. Louis XVI. Trois portraits différents par Boizot, Saint-Aubin et Pierron, in-4. Belles épreuves.

1200. *Marie-Antoinette*. Deux portraits différents, sans noms d'auteurs, in-8 et in-18. Belles épreuves. Un a toute sa marge.

1201. *Louis XVI* et *Marie-Antoinette*. Deux portraits in-8, gravés par Claessens, d'après le comte de Novion. Très-belles épreuves.

1202. *Louis XVI* et *Marie-Antoinette*. Deux portraits in-4, gravés par Schenker, d'après Boze et Mme Lebrun. Belles épreuves.

1203. L'Espérance fixant *Louis XVI*, dans un médaillon, soutenu par la Force, lui montre la Bienfaisance sous la figure de la *Reine*, in-8, gravé par Hemery, d'après Queverdo. Très-belle épreuve.

1204. *Marie-Antoinette*. Petit buste avec grande coiffure, d'après Mme Lebrun, publié chez Bance. Très-belle épreuve avec marge.

1205. *Louis XVI*, — *Marie-Antoinette*, — le *Dauphin*, — Madame *Royale*, — Madame *Elisabeth*. Cinq portraits gravés par Agar et publiés en Angleterre en 1797. Très-belles épreuves.

1206. *Louis XVI*, — *Marie-Antoinette*, — le *Dauphin* et *Madame*, — Séparation de Louis XVI de sa famille, etc. Treize pièces gravées par Schiavonetti, Forssell, Roger, Pauquet et autres. Très-belles épreuves.

DE MARCENAY DE GHUY (Ant.).

1207. *Henri IV*, roi de France, d'après Jannet, in-8. Superbe épreuve avant la lettre, plus une épreuve avec la lettre. Deux pièces.

1208. *Bayard* (le chevalier), in-8, avant et avec la lettre. Superbes épreuves, avec marges.

1209. *Turenne* (Henri de la Tour d'Auvergne, vicomte de), d'après Champagne, in-8. Superbe épreuve avant la lettre, avec marges, plus une épreuve avec la lettre.

1210. *Charles VII*, roi de France, in-8. Superbe épreuve avant la lettre, avec marge, plus une épreuve avec la lettre.

1211. *Charles V*, dit le Sage, roi de France, in-8. Très-belle épreuve avant la lettre.

1212. *De Thou* (le président), d'après Ferdinand, in-8. Superbe épreuve avant la lettre, avec marge, plus une épreuve avec la lettre.

1213. *Jeanne-d'Arc*, in-8. Superbe épreuve avant la lettre, plus une épreuve avec la lettre : deux pièces.

1214. *Puységur de Chastenet* (marquis de), in-4. Superbe épreuve avant la lettre, avec marge.

1215. *Saxe* (Marie-Antoinette de Bavière, électrice de), d'après elle-même, in-4. Trois épreuves avec la lettre.

1216. Charles VII, — d'Argenson, — Michel de l'Hôpital, — Sully, — De Thou, — le prince Eugène, — le maréchal de Villars, — maréchal de Saxe. Huit portraits in-8. Belles épreuves,

1217. Charles VII, — Sully, — le maréchal de Villars, — le maréchal de Saxe, — Turenne, — Stanislas-Auguste, roi de Pologne, — le général Paoli. Sept portratis in-8. Belles épreuves.

MARIAGE.

1218. *Saint-Simon* (Louis, duc de), d'après Vanloo. Superbe épreuve, avec marge. Très-rare.

1219. Le même portrait. Très-belle épreuve.

1220. *Richelieu* (le maréchal de), à l'âge de trente ans, d'après Vanloo. Très-belle épreuve. Rare.

1221. Le même portrait. Très-belle épreuve.

MASQUELIER.

1222. Buste de *Rameau*, au milieu d'attributs de musique. Très-rare épreuve avant la lettre, à l'état d'eau-forte, avec marge, plus une épreuve terminée, avec la lettre.

MASSARD (J.).

1223. *Provence* (Louis-Stanislas-Xavier, comte de), in-18. Superbe épreuve avec marge.

MASSARD (Alex.).

1224. Collection de portraits : hommes et femmes célèbres, publiés chez Ménard et Desenne. Cinquante-neuf portraits in-8. Très-belles épreuves, sur chine.

1225. Vingt-quatre portraits doubles du numéro précédent. Épreuves avant la lettre, sur chiné.

MASSOL.

1226. *Elisabeth de France*, sœur de Louis XVI, d'après Rosselin ; gravure in-8 au pointillé. Superbe épreuve avant toutes lettres, avec marges, plus une épreuve avec la lettre. Deux pièces.

MASSON ET TROUVAIN.

1227. *Lemaistre de Sacy* (Is.-L.), d'après Nanteuil, — le même personnage, d'après Champagne. Deux portraits in-8. Belles épreuves.

MECHEL (Chr.),

1228. *Euler* (L.), in-8. Superbe épreuve avant la lettre, avec marges, plus une épreuve avec la lettre.

MECOU.

1229. *Dino* (Mme la duchesse de), d'après Isabey, in-8. Très-belle épreuve avec marge, avant la lettre.

MEERLEN (Th. van) ET GRIGNON.

1230. *Halincourt* (Jacqueline de Harlay, dame d'), — *Halincourt* (Ch. de Neufville, seigneur d'), — *Courselle* (Marie de Neufville, dame de). Trois portraits, in-fol. Très-belles épreuves, avec marges.

MERCURY (P.).

1231. *Maintenon* (Françoise d'Aubigné, Marquise de) d'après Petitot. Très-belle épreuve, sur chine.

1232. Portrait du Tasse, in-12. Deux épreuves, sur chine, avant la bordure,

MICHEL (J.-B.).

1233. *Voltaire* et *Rousseau.* Deux portraits in-4, d'après Danzel. Très-belles épreuves.

MIGER.

1234. *Pombal* (le marquis de), d'après Monnet, in-8, — *Voltaire,* d'après Houdon, in-4. Deux pièces. Très-belles épreuves, avec marges.

MONSALDY.

1235. *Isabey* (J. B.) Peintre, d'après Singry, in-8. Très-belle épreuve, avec marge.

1236. *Marie-Louise,* Impératrice des Français, gravé en couleur, d'après Isabey. Trois épreuves avant la lettre.

10

MONSALDY.

1237. *Beauharnais* (la Reine Hortense de), femme de Louis Bonaparte, Roi de Hollande, d'après Isabey. Très-rare épreuve avant toutes lettres, retouchée au pinceau, par Isabey. Grande marge.

MONTCORNET (B.).

238. Orléans (Françoise d'), fille de Gaston d'Orléans, — Marguerite de Valois, fille de Gaston d'Orléans, — Anne de Bavière, duchesse d'Enghien, — Elisabeth d'Orléans, fille de Gaston d'Orléans, — le Duc d'Enghien, — Mazarin, duc de Mayenne, — Louis, dauphin de France, etc. Dix portraits in-4, dans des bordures octogones. Superbes épreuves.

1239. Duchesse de Nemours, — duchesse de Chaunes, — duchesse de Villeroy, — duchesse de Rohan, — Mlle de Montpensier, — duchesse de Longueville, — princesse de Condé, — Anne d'Autriche, — Henriette de France, — Elizabeth d'Angleterre, etc., etc. Trente-six portraits in-8 de femmes célèbres des règnes de Louis XIII et Louis XIV. Superbes épreuves avec marges. Beaucoup sont avant les armes.

1240. Portraits doubles du numéro précédent. Dix pièces. Très-belles épreuves.

1241. Portraits de princes français, maréchaux, princes et souverains étrangers, etc. Cent cinquante-huit portraits in-8. Superbes épreuves avec marges. Beaucoup sont avant les armes.

MOREAU (J.-M.) LE JEUNE (D'APRÈS).

1242. *Moreau le Jeune* (J. M.), dessinateur et graveur, in-8, d'après Cochin, par Saint-Aubin. Très-belle épreuve, avec marges.

1243. Le même portrait. Très-belle épreuve.

MOREAU.

1244. *Lafontaine* (Jean de), de l'Académie française, petit buste au milieu de figures allégoriques (des fables Causides), gravé par Lemire. Superbe et très-rare épreuve avant toutes lettres, à l'état d'eau-forte.

1245. Le même portrait. Superbe épreuve avec une grande marge.

1246. *François-Joseph*, Empereur d'Autriche, gravé par Gaucher, pour les Annales de Marie-Thérèse. Très-belle épreuve avant la lettre.

1247. *Marie-Antoinette*, Reine de France, gravé par Gaucher, pour les annales de Marie-Thérèse. Superbe épreuve avant la lettre, avec marge. Rare en cette condition.

1248. *Marie-Antoinette*, Reine de France. Petit buste dans un médaillon, soutenu par deux amours, gravé par Le Mire. Superbe épreuve avant la lettre, avec une grande marge. Très-rare en cette condition.

1249. *Guillotin* (J. J.), gravé par B. L. Prevost, in-8. Superbe épreuve, avec grandes marges.

1250. *De La Borde* (J. B.), premier valet de chambre du Roi, auteur des chansons, in-4, d'après Denon. Superbe épreuve, avec grandes marges.

1251. *Lavrillière* (Louis Philipeaux, duc de), d'après Hall, in-8. Superbe épreuve avec marge.

1252. *Vernet* (Joseph), gravé par L. J. Cathelin. Superbe épreuve, avec grandes marges.

1253. *Francœur* (L. J.), surintendant de la musique du Roi, gravé par Lingée, in-8. Très-belle épreuve.

1254. *Frédéric-Guillaume*, prince royal de Prusse, gravé par Tardieu, in-4. Très-belle épreuve.

MOREAU.

1255. *Louis XV*, roi de France. Buste dans un médaillon soutenu par des amours, morceau d'un cartouche pour les spectacles de Fontainebleau, gravé par Lempereur.

1256. *Voltaire* (François-Marie Arouet de), gravé par Tardieu, pour l'édition du Voltaire de Kell. Quatorze épreuves, avec grandes marges.

NANTEUIL (Robert).

1257. Barillon de Morengis, — le Coigneux, — Poncet, — Sarrasin, — Voiture. Sept portraits in-4 et in-fol. Belles épreuves.

NANTEUIL ET EDELINCK.

1258. *Menage* (Gilles). Premier état, — *Miramion* (Mme de). Deux portraits. Belles épreuves.

NAUDET.

1259. *Levasseur* (Thérèse), femme de J.-J. Rousseau. Portrait in-4, gravé à l'eau-forte. Très-belle épreuve, remargée. De la plus grande rareté.

ODIEUVRE (A. Paris chez).

1260. Mme de *Sévigné*, par Schmidt. — la comtesse de *Grignan*, — Mme *Deshoulières*, de la suite de Desrochers. Trois pièces. Très-belles épreuves, les deux premières avec l'adresse d'Odieuvre.

1261. Portraits de personnages français et étrangers, publiés dans l'*Europe illustre*, par Odieuvre. Trois cents cinquante-six pièces. Superbes épreuves de premier tirage, avec l'adresse d'Odieuvre.

PAROY (Le Comte de).

1262. *Le Brun* (L. Elisabeth Vigée), vue à mi-corps dans un médaillon de forme ovale, d'après elle-même, in-8. Superbe épreuve avant toutes lettres. Très-rare.

1263. *Polignac* (Mme de), vue jusqu'aux genoux dans un médaillon de forme ovale, d'après Mme Le Brun, in-8. Superbe épreuve, coupée à l'ovale et montée en dessin.

PAROY (Le Comte de) (Attribué a),

1264. *Polignac* (Mme de), vue jusqu'aux genoux dans un médaillon de forme ovale, d'après Mme Le Brun, in-4. Superbe et très-rare épreuve sans aucune lettre, à l'état d'eau-forte. Même composition que le portrait décrit sous le numéro précédent.

1265. *Jeune fille à mi-corps*, tenant de ses mains un fichu sur sa poitrine, d'après Mme Le Brun, in-4, gravée de la même manière que le portrait de Mme de Polignac, décrit ci-dessus. Très-rare épreuve sans aucune lettre, à l'état d'eau-forte.

PAUQUET ET DUPRÉEL.

1266. *Bossuet* (Jacques Bénigne), Évêque de Meaux, d'après Rigaud, in-8. Quatre épreuves, dont une à l'eau-forte, une avant toutes lettres, une avec les noms de Dupréel au milieu du bas et une avec les noms des artistes. Très-belles épreuves, avec marges.

1267. Buste de *Virgile*. Épreuve à l'eau-forte et terminée, — portrait de *La Fontaine*, d'après Rigaud. Épreuves à l'eau-forte et terminée avant la lettre. Quatre pièces avec marges.

PETITOT (D'après).

1268. Collection de cinquante portraits gravés par Ceroni, d'après les émaux de Petitot et publiés par Blaisot. Superbes épreuves avant la lettre, sur chine.

1269. La même collection. Très-belles épreuves avant la lettre, sur blanc.

PETITOT (D'après).

1270. Quarante-sept portraits doubles de la collection précédente. Superbes épreuves avant la lettre.

1271. Cinquante-neuf portraits de la même collection. Épreu
ves avec la lettre.

1272. Le Siècle de Louis XV. Collection de portraits gravés
par Ceroni, d'après différents maîtres, faisant suite aux
émaux de Petitot, catalogués ci-dessus. Dix-neuf portraits
tirés sur format in-fol. et in-4. Plusieurs sont doubles. Superbes épreuves avant la lettre, sur chine. Cette publication
n'a pas été continuée.

- 1273. Portraits doubles du numéro précédent. Vingt et une
pièces avec la lettre.

PETIT ET AUBERT.

1274. *Grignan* (Françoise-Marguerite de Sévigné, comtesse
de). Deux portraits différents, in-8. Belles épreuves.

1275. Les mêmes portraits. Belles épreuves.

PUNT.

1276. *Molière* (J. B. Poquelin de), d'après Coypel, in-18.
Très-rare épreuve avant la lettre.

QUEVERDO (D'APRÈS).

1277. *Dorat*, poëte célèbre du XXIII° siècle. Grand in-8, par
le Beau. En médaillon, soutenu par les Grâces et couronné
par l'Amour. Superbe et très-rare épreuve avant la lettre,
avec marge.

QUEVERDO ET MASSOL.

1278. *Voltaire* (F. M. Arouët de), — *Florian* (J. P. de). Deux
portraits in-4, avec ornements divers. Très-belles épreuves.
Le portrait de Florian est avant les noms des artistes, à
toutes marges.

RAVENET.

1279. *Boileau-Despréaux* (Nicolas), d'après Rigaud, in-4.
Très-rare épreuve avant la lettre.

REGNESSON (N.).

1280. Conti (Anne-Marie Martinozzi, princesse de). Très-belle épreuve. Manque de conservation.

RÉVOLUTION (SUJETS ET PORTRAITS SUR LA).

1281. Fin tragique de Louis XVI, dessiné par Fious, gravé par Sacrifis, in-4, en travers. Superbe épreuve. Très-rare.

1282. Fin tragique de Marie-Antoinette. Pièce in-4, en travers, en bistre, non signée. Très-rare.

1283. Cinq médaillons sur une feuille in-4. *Louis XVI*, — le duc *d'Orléans*, — *la Fayette*, — *Bailly*, — *Necker*. A Paris, chez Chereau. Très-rare.

1284. Carte de Sambre, avec huit portraits, en médaillon sur les bords, *Hohenlohe, Mollendorf, Waldeck, Clairfait, Mack, York, Robespierre, Barrère*, in-4. Très-rare.

1285. *Le général Custine.* Deux portraits différents, par Schweyer et Guérin. In-8. Rares.

1286. *Le même personnage*, gravé en couleur par Alix. In-8. Superbe épreuve.

1287. *Le même personnage*, gravé en couleur par Craff. In-8. Superbe épreuve. Rare.

1287 *bis.* *Lecointre*, député de Seine-et-Oise à la Convention ; il est coiffé d'un chapeau avec plumes, gravé par Masquelier. In-8. Superbe épreuve, avec marges, de la plus grande rareté.

1288. *Roland* (J.-M.), ministre de l'intérieur. A Paris, chez Villeneuve ; petit ovale, en manière noire. — Roland (M. J.-Philipon, femme de), ovale sans noms d'auteurs. Deux pièces rares.

1289. *Tuffin de la Rouarie.* In-8, sans nom d'artiste. Rare.

1290. *Robespierre* (Maximilien), gravé par Berger. In-8. Rare.

RÉVOLUTION.

1291. *Lafayette* (M^r de), major général de la fédération. Buste dans un médaillon en couleur. Superbe épreuve. Très-rare.

1292. *Orléans* (Louis-Philippe-Joseph, duc d'), gravé en couleur par Fiesinger. Rare.

1293. Le même personnage, gravé en couleur par Le Grand. Rare.

1294. *Barnave,* — *Héraut de Séchelle,* — Le maréchal de *Coigny.* Trois portraits gravés en couleur par Quenedey. Superbes épreuves. Rares.

1295. *Charlotte Corday,* buste dans un médaillon; en bas un écusson où elle est représentée assassinant Marat. In-8. Rare.

1296. *La même personne,* coiffée d'un grand chapeau et tenant un poignard de la main droite. Chez Basset. In-8. Rare.

1297. Le même personnage. Deux portraits différents, par Cook et Pass, plus une vignette la représentant sur l'échafaud. Trois pièces.

1298. *Dumouriez,* dessiné par Fouquet, gravé par Chrétien. Rare.

1299. Faujas de Saint-Fond, — Dulaure, — Vicomte de Gand, — Louis d'Estampes, — De Labouisse, — Bazire, — Roger-Ducos, — Laligent-Morillon, — De Romeuf, — J. de Brie, — De Kerveligan, etc. Dix-huit portraits, dessinés au physionotrace, gravés par Chrétien.

1300. J.-B. Bonet, — Alexandre et Michel Lepelletier, — F. Chabot, — Suzanne Verdier, — Boissy-d'Anglas, — De Simonville, — Chabot, de l'Allier, — Marquis de Lagrange. — J.-Th.-G. Lorge, — Cosmao-Kerjulien, — Letourneur, — Mme Lambert, — Maréchal duc de Mouchy, —

Guyton-Morveau, — Duplantier, — Barthélemy, — Morel de Vindé, — De Gand, — Calvel, — Le comte de Vergennes, — La maréchale de Richelieu, etc. Vingt-trois portraits dessinés au physionotrace, et gravés par Quenedey. Très-belles épreuves.

1301. *Bonaparte*, premier consul de la République française. In-8, gravé en couleur par Levachez. Superbe épreuve avec marge.

1302. *Le même personnage*, gravé par Massard. Épreuves avant et avec la lettre. Deux pièces.

1303. *Le Général Hoche.* In-4, sans nom d'auteur. A Paris, chez Depeuille. Très-belle épreuve à grandes marges.

1304. Portraits de *Louis XVI*, *Marie-Antoinette* et la famille royale ; Morts de Louis XVI et de Marie-Antoinette ; Arrestation à Varennes, etc. Vingt-quatre portraits et sujets par divers artistes.

1305. L'Abbé Grégoire, — D. Dillon, — Le Chapellier, — Mirabeau, — Buzot, — Pétion de Villeneuve. Six portraits in-8 sans noms d'auteurs, imprimés en bistre. Superbes épreuves à toutes marges,

1306. Mirabeau, — Cazalès, — Talleyrand-Périgord, ancien évêque d'Autun. Trois portraits in-8 sans noms d'auteurs ; le portrait de Talleyrand est en couleur. Très-belles épreuves, avec marges.

1307. Target, — A. de Lameth, — Chapelier, — Barnave, — Guillaume, — Le comte de Montmorency. Six portraits en médaillons in-8, avec entourages ornementés. A Paris, chez Basset. Superbes épreuves avec marges. Rares.

1308. Kersaint, — Pétion, — Clavière, — Dumouriez, — Guadet, — Masséna, — Thouret, — Le général Berthier, — Desaix, — Kléber, — Macdonald, — Luckner, — Jourdan,

— Brune, etc. Dix-neuf portraits in-8 par divers graveurs, publiés par Basset et Bance. Rares.

1309. Bonaparte, — Kléber, — Andreossy, — Bernadotte, — Masséna, — Desaix, — Lecourbe, — Gouvion-Saint-Cyr, Le Fevre, — Sainte-Susanne. Dix portraits in-8 en médaillons, gravés d'après Guérin. Très-belles épreuves avec marges. Plusieurs sont avant les adresses d'éditeurs.

1310. Huit portraits doubles du numéro précédent.

1311. Portraits des députés de l'Assemblée Nationale. Vingt-trois portraits in-8; médaillons gravés par Fiésinger, d'après Guérin. Superbes épreuves imprimées en bistre. Cinq sont doubles en différents états, dont deux avant la lettre, grandes marges. En tout vingt-huit pièces. Rares.

1312. Treize portraits doubles du numéro précédent. Superbes épreuves imprimées en bistre. Grandes marges.

1313. Portraits des députés de l'Assemblée Nationale. Cinquante-six portraits in-8, gravés par Vérité. Réunion rare contenant beaucoup de personnages célèbres de cette époque. Très-belles épreuves. Plusieurs sont doubles en différents états.

1314. Louis XVI, — Bailly, — Fréteau, — Alex. de Lameth. Quatre portraits in-8, gravés par Vérité. Superbes et très-rares épreuves, imprimées en couleur.

1315. Personnages célèbres de la Révolution française, de 1789 à 1800. Cent quatre-vingt-huit portraits in-8, gravés par Bonneville. Plusieurs sont doubles en états différents. Très-belles épreuves.

1316. Portraits doubles du numéro précédent. Soixante-douze pièces.

1317. Collection des députés à l'Assemblée Nationale de 1789, publiés par Déjabin. Cent seize portraits in-8 par différents artistes. Très-belles épreuves, avec marges.

RÉVOLUTION.

1318. Portraits faisant partie de la même collection, gravés d'après Moreau le Jeune. Vingt et une pièces. Très-belles épreuves, avec marges.

1319. Trois portraits de la même collection. Très-rares épreuves avant toutes lettres, à l'état d'eau-forte.

1320. Fouquier-Tainville, — Marceau, — Mirabeau, — Custine, — Dumouriez, — Robespierre, — Necker, — Cagliostro, — le duc d'Orléans, — Le maréchal Jourdan. Vingt-deux portraits in-8, in-18 et in-4, par divers artistes.

1321. De Lameth, — Lafarre, — De La Croix, — Dulau, — D'Épremesnil, — Laya, — Rochambeau, — Barthélemy, — Robespierre, — De Vieuzac, — Bailly, etc. Vingt-quatre portraits in-8 et in-18 par différents artistes.

1322. Bonaparte, premier consul, — Cadoudal, — Polignac, — Roland, — Bouvet de Lozier, — Léridan, — Moreau, — Pichegru, — Picot, — Napoléon comme empereur et portraits de sa famille, etc. Vingt-neuf portraits in-8 et in-4, d'après Dumontier, Desnoyers, etc.

1323. Le duc d'Orléans, — Beurnonville, — Cambacérès, — Siéyès, — Jourdan, — Championnet, — Kléber, — Augereau, etc. Dix-sept portraits in-8 et in-4 par Payen, Cardon, Huot, Roger, Ruotte et autres.

1324. Cardinal Caprara, — Lafayette, — Pichegru, — Kersaint, — Roederer, — Barras, — Larrey, — Linois, — Herné, — Favras, — Lameth, — Kléber, — Chalier, — Saint-Fargeau, — Rostopshin, etc. Trente-sept portraits par divers artistes.

1325. Delambre, — Prince de Condé, — le général de Charette, — Championnet, — Moreau, — Malouet, — Bergasse, — Sujets sur la Révolution, etc. Quarante-quatre pièces, portraits et sujets par divers artistes.

RÉVOLUTION.

1326. Portraits anglais, allemands, russes, autrichiens, italiens, etc., princes et généraux ayant fait la guerre contre la France, de 1789 à 1815. Environ deux cents portraits, qui seront vendus sous ce numéro.

1327. Sous ce numéro il sera vendu, par lots, environ cinq cents portraits pouvant servir pour illustrer les ouvrages sur la Révolution et l'Empire.

RIFFAUT.

1328. Mme de *Sévigné*, — Mme de *Lafayette*. Deux portraits in-12, publiés par Techener. Belles épreuves avant la lettre.

1329. Les mêmes portraits. Épreuves avec la lettre.

ROGER (B.).

1330. *Sévigné* (Marie de Rabutin-Chantal, marquise de), d'après Mignard. Deux épreuves, avant et avec la lettre. Marges.

1331. Collection de portraits des princes de la maison de France, depuis Louis XIV à Louis XVIII; personnages célèbres, — Mmes de *Maintenon*, de *Lavallière*, de *Montespan*, de *Fontanges*, Mme de *Lamballe*, *Marie-Antoinette*, Mme *Élisabeth*, etc. Cent quinze portraits, dont beaucoup avant la lettre et lettres grises, et en partie sur chine. Superbes épreuves à belles marges.

1331 *bis*. Quatre-vingt-un portraits doubles du numéro précédent.

ROMANET.

1332. *Vence de Saint-Vincent* (Julie de Villeneuve), petite-fille de Mme de Sévigné, d'après Berthélemy, in-4. Superbe épreuve, avec marge.

SAINT-AUBIN (Aug. de).

1333. *Gavaudan* (Mme), dans Joconde, in-8, d'après Jacques. Très-belle épreuve à toutes marges.

1334. *Renouard* (M. et Mme) et leurs trois enfants, représentés sur une même feuille, in-4. Superbe épreuve sur chine volant. Très-rare.

1335. *De Launay* (N.), graveur du Roi, gravé par Huot, d'après St-Aubin. Superbe épreuve à toutes marges.

1336. *Amelot* (Ant. J.), deux portraits différents, — *Diderot*, d'après Greuze, — *Condorcet* (le marquis de), d'après Lemort, — *Bourguignon d'Anville* (J. B.), d'après Duvivier, Cinq portraits in-4. Superbes épreuves à grandes marges.

1337. *Moreau le Jeune* (J. M.), d'après Cochin, in-8. Belle épreuve, remontée comme chine.

1338. *Henri IV*, roi de France, — *Marie de Médicis*, reine de France. Deux portraits in-8, d'après Porbus. Superbes épreuves avant l'adresse de l'auteur et l'inscription indiquant à qui appartiennent les tableaux. Le portrait de Henri IV est double, avec l'adresse et l'inscription. Trois pièces à toutes marges.

1339. *Piron* (Alexis), — *Racine* (Louis), — *Barthélemy* (J. J.), — *Arnaud* (Ant.), — *Pascal* (Blaise). Cinq portraits in-8, d'après différents artistes. Trés-belles épreuves à grandes marges.

1340. *Crébillon* fils (J. de), — *Barthélemy* (J. J.) — *Gluck*, — *Pascal* (Blaise). Quatre portraits in-8. Très-belles épreuves. Grandes marges.

1341. *Crébillon* fils (J. de), — *Barthélemy* (J. J.), — *Piron* (Alexis), — *Linguet* (S. N. H.), deux portraits différents. Cinq pièces. Très-belles épreuves à grandes marges.

SAINT-AUBIN.

1342. Linguet (S. N. H.), deux portraits différents. — *Delomieu* (Déodat de), — *Crébillon fils* (J. de), — *Barthélemy* (J. J.) Cinq portraits. Belles épreuves.

1343. *Delarive*, — *Barthélemy* (J. J.), — *Linguet*, — *Gessner*, deux portraits différents, — *Bitaubé* (P. J.), — *Condorcet* (le marquis de), — *Molé* (François-René). Neuf portraits in-8 et in-4. Belles épreuves.

1344. *Voltaire* (F. M. Arouet de), — *Bitaubé* (P. J.), — *Necker*, — *Catherine II* (impératrice de Russie), — *Charles de Pologne, duc de Saxe*, — *Paulmy* (Ant. R. de Voyer, marquis de), — *Mancini Nivernois*. Deux portraits différents, — *Zannouvich* (le comte Stefano). Neuf portraits in-8 et in-4. Belles épreuves.

1345. Portraits publiés par Renouard, pour les éditions de Voltaire et autres. Vingt-cinq pièces avec marges.

SAVART (P.).

1346. *Alembert* (J. le Rond d'), in-8, d'après Mlle Lusurier (F. I.) Superbe épreuve du premier état, avant toutes lettres et avant les mots à l'immortalité. En cet état, le cuivre est plus grand de deux centimètres dans le haut. Grandes marges.

1347. *Le même portrait.* Deuxième état avant la lettre, mais avec les mots à l'immortalité. Grandes marges.

1348. *Le même portrait.* État non décrit, intermédiaire entre le deuxième et le troisième, avant toutes lettres. Les mots à l'immortalité effacés, ainsi que les papiers et les médaillons au bas, sous la tablette. Grandes marges.

1349. *Le même portrait.* Troisième état décrit. Très-belle épreuve. Grandes marges.

1350. *Bayle* (Pierre), (I. 2). Très-belle épreuve.

SAVART.

1351. *Bernis* (François-Joachim de Pierre de), d'après Callet (f. 3). Très-belle épreuve, avec grandes marges.

1352. *Boileau-Despréaux* (Nicolas), d'après Rigaud (f. 4). Très-belle épreuve du premier état.

1353. Le même portrait. Belle épreuve du deuxième état.

1354. *Le même personnage* (f. 5). Très-belle épreuve du deuxième état.

1355. *Bossuet* (Jacques-Benigne), d'après Rigaud (f. 6). Superbe et très-rare épreuve d'un premier état, non décrit, avant toutes lettres, les marges sont couvertes d'essais de burin.

1356. Le même portrait. Second état, avec l'adresse : Barrière de Fontarabie.

1357. Le même portrait. Troisième état avec l'adresse : rue et près le petit Saint-Antoine.

1358. Le même portrait. Quatrième état, l'adresse effacée et une bordure ajoutée ainsi que différents travaux dans la gravure.

1359. *La Bruyère* (J. de), de l'Académie française, d'après de St-Jean (f. 7). Très-belle épreuve.

1360. *Le même personnage* (f. 8). Superbe épreuve du premier état, avant toutes lettres, petite marge.

1361. Le même portrait. Très-belle épreuve du deuxième état.

1362. *Buffon* (Georges-Louis Leclerc, comte de), d'après Drouais (f. 9). Très-belle épreuve.

1363. *Catinat* (Nicolas de), (f. 10). Superbe épreuve du premier état, avant toutes lettres. Marge.

1364. Le même portrait. Très-belle épreuve. Marge.

SAVART.

1365. *Christian VII*, roi de Danemark (f. 13). Superbe épreuve avec marges.

1366. *Colbert* (J. B.), d'après Champaigne (f. 14). Superbe épreuve du deuxième état, avec l'adresse : Barrière de Fontarabie. Marge.

1367. Le même portrait. Troisième état, avec l'adresse : rue et près le petit St-Antoine.

1368. *Condé* (Louis de Bourbon, prince de), d'après Juste (f. 15). Superbe épreuve du deuxième état, avant l'adresse.

1369. Le même portrait. Très-belle épreuve avec l'adresse.

1370. *Deshoulières* (Antoinette de La Garde), d'après Mlle Cheron (f. 16). Très-belle épreuve, avec marge.

1371. *Diane et Endymion* (f. 16). Superbe épreuve du premier état, avant toutes lettres, plus une épreuve du deuxième état, avec la lettre. Grandes marges.

1372. *Lamotte-Fénelon* (François de Salignac de), d'après Vivien (f. 18). Superbe épreuve du premier état, avec l'adresse : Barrière de Fontarabie.

1373. La Fontaine (J. de), de l'Académie française, d'après Rigaud (f. 19). Très-belle épreuve, avec marges.

1374. *Fontenelle* (Bernard de), (f. 20). Superbe épreuve du premier état, avant toutes lettres. Grandes marges.

1375. Le même portrait. Très-belle épreuve avec la lettre. Grandes marges.

1376. *Leibnitz* (Godefroi Guillaume), in-4 (f. 21). Superbe épreuve avec grandes marges.

1377. *Livry* (Nicolas de), d'après Tocqué (f. 22). Superbe épreuve du quatrième état avec le bas-relief et les noms des artistes.

SAVART.

1378. Le même portrait. Cinquième état. Le bas-relief est effacé.

1379. *Louis le Grand*, d'après Rigaud (f. 23). Superbe épreuve du deuxième état, avec l'adresse : Barrière de Fontarabie.

1380. Le même portrait. Belle épreuve du troisième état.

1381. *Louis XVI*, roi de France e de Navarre (fr. 24). Superbe épreuve du deuxième état, avant le numéro, grandes marges. La tête seule est gravée par Savart, et les ornements par Mlle Savart, sœur de l'artiste.

1382. *Montesquieu* (Charles, Secondat de) (f. 28). Superbe épreuve du premier état, avant toutes lettres.

1383. Le même portrait. Belle épreuve avec la lettre.

1384. *Rabelais* (François), d'après Sarrabat (f. 29). Superbe épreuve du premier état, avant toutes lettres. Remargée.

1385. Le même portrait. Très-belle épreuve avec la lettre.

1386. *Racine* (Jean), d'après Santerre (f. 30). Superbe et très-rare épreuve du deuxième état, avec les noms des artistes à la pointe et avant l'adresse.

1387. Le même portrait. Troisième état, avec l'adresse : Barrière de Fontarabie.

1388. *Richelieu* (Armand du Plessis, cardinal de), d'après Champaigne (f. 31). Très-belle épreuve.

1389. *Tasso* (Torquato) (f. 34). Superbe épreuve d'un premier état, non décrit, avant toutes lettres. Grandes marges.

1390. Le même portrait. Très-belle épreuve du premier état, avant l'adresse. Grandes marges.

SCHMIDT (G.-F.)

1391. Beauveau (le cardinal de), in-8, en travers, d'après

Cochin. Superbe épreuve avec marge, avant le texte au verso.

1392. *Prevost* (l'abbé), aumônier du prince de Conti, in-4, — *Guyot-Desfontaines*, in-8, d'après Toqué. Deux pièces. Belles épreuves.

1393. Les mêmes portraits. Belles épreuves.

1394. Schouwalow (J. de), chambellan de S. M. l'Empereur de Russie, in-4. Très-belle épreuve.

SCHUPPEN (P. Van.).

1395. *Deshouillières* (Mme), d'après Mlle E. Chéron, in-8. Très-belle épreuve, portant au verso la signature de J. G. Wille.

1396. Le même portrait. Très-belle épreuve.

1397. *Hamon* (Jean), docteur en médecine de la Faculté de Paris, in-8. Très-belle épreuve avec marge.

1398. *Le Tellier* (Ch. Maurice), archevêque de Reims, d'après Mignard, in-4. Très-belle épreuve, avec marges.

1399. *Louis XIV et Marie-Thérèse*. Deux petits portraits in-18, dans une guirlande de chêne et d'ornements. Très-belles épreuves. Très-rares, datées de 1652.

1400. *Louis XIV*, roi de France, d'après C. Lefèvre. in-8. Très-belle épreuve, avec marge.

1401. Le même portrait. Très-belle épreuve remargée.

1402. *Pontis* (Messire Louis), d'après Champagne, in-12. Très-belle épreuve.

SIMONET.

1403. *Lamballe* (Marie-Thérèse-Louise de Savoie Carignan, princesse de), d'après Carolus, in-8. Très-rare épreuve à l'état d'eau-forte, avant la bordure et le fond. Marge.

SIMONET.

1404. *Le même portrait.* Épreuve terminée avant la lettre. Toute marge.

1405. *Le même portrait.* Deux épreuves avec la lettre, dont une avec l'adresse de Massard. Marge.

SIMONNEAU (C.).

1406. *Pascal* (Blaise), in-8, d'après Quesnel. Très-belle épreuve.

TARDIEU (N.)

1407. Madame *Dubocage*, d'après Mlle Loir, in-8. Trois épreuves de trois états différents, un est avant les armes et avant les vers, avec le nom du personnage sur la tablette blanche,

1408. *Montausier* (Ch. de Ste-Maure, duc de), d'après Ferdinand, in-8. Deux épreuves avec vers différents dans la tablette du bas. Un à toute sa marge.

TARDIEU (A.).

1409. *Louis XIV*, roi de France, — *Frédéric-Guillaume*, roi de Prusse, — *Franklin*. Trois portraits in-8, d'après Mignard, Bornet et Duplessis. Très-belles épreuves avant la lettre, avec marges.

1410. *Stanislas-Auguste*, roi de Pologne, — Demoustier (Charles-Albert), d'après Pujos. Deux portraits in-8. Très-belles épreuves avec marges.

1411. Les mêmes portraits. Trois pièces, dont une double. Belles épreuves avec marges.

1412. *Prusse* (L. Aug. W. A., princesse de Mecklembourg-Strelitz, reine de), d'après Mme Le Brun. Très-belle épreuve, avec grandes marges.

TRIÈRE ET PAUQUET.

1413. *Fénelon.* Deux portraits différents, d'après Vivien, — *Bertin*, d'après Monnet. Quatre portraits in-8 et in-18, avant la lettre. Très-belles épreuves avec marges.

1414. *Les mêmes portraits.* Épreuves avant la lettre, avec marges. Un des portraits de Fénelon est à l'eau-forte.

TROUVAIN.

1415. *Vauban* (Sébastien le prêtre de), lieutenant-général des armées du roi, in-8. Superbe épreuve.

TURNER (C.).

1416. *Henriette d'Angleterre,* duchesse d'Orléans, d'après Mignard, in-8, en manière noire. Épreuve avant et avec la lettre. Deux pièces avec grandes marges.

VANGELISTY (V.).

1417. *Conti* (Armand de Bourbon, prince de), — *Anne-Marie Martinozzi*, princesse de *Conti*. Deux portraits in-8. Très-belles épreuves avec marges.

1418. *Conti* (Armand de Bourbon, prince de), in-8. Très-rare épreuve avant la lettre. Remontée.

1419. *Buste de jeune femme,* avec des roses dans les cheveux et tenant un panier sur ses genoux, d'après Péters. Dix épreuves avant la lettre, sur blanc et sur chine.

VÉRITÉ.

1420. *Lamballe* (Marie-Thérèse de Savoie Carignan, princesse de), d'après Mme Le Brun, in-8. Épreuve remargée.

VOYEZ.

1421. *France* (Marie, Adélaïde, Clotilde, Xavier de), sœur de monseigneur le Dauphin, d'après Fontaine, in-4. Très-belle épreuve, avec marge.

VOYEZ.

1422. Le même portrait. Très-belle épreuve, avec marge.

WEXELBERG (F.).

1423. *Aïssé* (Mlle), in-12. Superbe épreuve. Très-rare. Remargée.

WILLE (J.-G.).

1424. *Quesnay* (F.), médecin, d'après J. Chevalier, in-8. Superbe épreuve du deuxieme état, avant la dédicace.

1425. *Prevost* (Antoine-Franç.), aumônier du prince de Conti, d'après Ch.-Nicolas Cochin, in-8. Superbe épreuve avec marge. Rare.

1425 *bis*. Le même portrait. Belle épreuve.

1426. Sous ce numéro, il sera vendu par lots, environ huit cents à mille portraits pouvant servir pour illustrations.

1427. *Portraits en nombre.*

1. — *Bernardin de Saint-Pierre*, gravé par Lignon, d'après Girodet. — Trente-quatre épreuves.

2. — *La Sablière* (Mme de), gravé par Johannot, d'après Colin. — Vingt-quatre épreuves avant et avec la lettre.

3. — *Choiseul* (Et.-F. duc de). Buste au milieu d'ornements divers. — Vingt-et-une épreuves en noir et en couleur.

4. — *Napoléon Ier*. In-8 gravé par Hopwod et Corbould. — Trente-huit épreuves.

5. — *Girardin* (Mme de), gravé par Flameng, d'après Chasseriau. — Six épreuves avant la lettre.

6. — *Bonchamp* (le marquis de), gravé par Mme Marchand. — Onze épreuves.

7. — *Lamartine.* Portrait sans noms d'artistes. — Trente-six épreuves avant la lettre, chine.

8. — *Voltaire.* In-8 gravé par Adrien Simonet. — Dix-sept épreuves à l'eau-forte, sur chine.

9. — *Milton*, gravé par Maulet. — Dix-huit épreuves.

10. — *Necker* (Mme), gravé par Lips, in-8. — Quinze épreuves.

11. — *Fielding*, gravé par Hopwod. — Quatorze épreuves.

12. — *Richardson*, gravé par Hopwod. — Quatorze épreuves.

13. — *Scott* (W), gravé par Hopwod, d'après Leslie. — Soixante-seize épreuves sur blanc et sur chine.

14. — *Cooper* (Fenimore), gravé par Hopwod, d'après Johannot. — Cinquante-deux épreuves.

15. — *Dreux-Brezé*, gravé par Mme Fournier. — Vingt-trois épreuves.

16. — *La Fontaine* (J. de), gravé par A, Tardieu, d'après Rigaud. — Vingt-quatre épreuves.

17. — *Buffon et Daubenton*. Deux portraits gravés par Boyer. — Dix-neuf épreuves de ces deux portraits.

18. *Delille, Racine, Montesquieu, La Fontaine, Bourdaloue, Pascal, Massillon, La Harpe, Beaumarchais, Rabelais*, etc. — Cent-soixante-et-une épreuves des portraits indiqués sous ce n°.

19. — M. *Thiers*, gravé par Pannier. — Trois épreuves avant la lettre.

20. — *Didot* (Pierre), gravé par Wedgwod, d'après une médaille. — Neuf épreuves.

CATALOGUE

DES LIVRES ANCIENS ET MODERNES

LA PLUPART EN GRAND PAPIER

ORNÉS DE PORTRAITS ET DE GRAVURES

Composant la Bibliothèque de M. J. SIEURIN

THÉOLOGIE

---

1 — Vie de Jésus, par Ernest Renan. Édition illustrée de soixante dessins, par Godefroy Durand. *Paris, Michel Lévy fr.*, 1870, gr. in-8, br. Gravures sur bois.

> Exemplaire en feuilles.

2 — Les Pensées de Bl. Pascal, suivies d'une nouvelle table analytique. — Lettres écrites à un provincial, précédées d'un essai sur les Provinciales et sur le style de Pascal. *Paris, Lefèvre,* 1824-1826. 2 vol. gr. in-8, br.

> Exemplaire en papier cavalier vélin, orné du portrait de Pascal, gravé par Roger.

3 — Cérémonies et prières du sacre des rois de France,

accompagnées des recherches historiques. *Paris, Firm. Didot,* 1825, in-12, br.

Ouvrage de Menin, publié par Motteley.

4 — ORAISONS FUNÈBRES de Bossuet avec des notes de tous les commentateurs, suivies du sermon sur l'unité de l'Église. *Paris, Lefèvre,* 1825, gr. in-8, br.

Exemplaire en papier cavalier vélin.

5 — LES ORAISONS de Bossuet, avec des notices, par M. Poujoulat. *Tours, Alf. Mame,* 1869, gr. in-8, br.

Exemplaire en GRAND PAPIER DE HOLLANDE, orné du portrait de Bossuet et de vignettes gravées à l'eau-forte par V. Foulquier.

6 — ORAISONS FUNÈBRES de Fléchier, suivies des oraisons funèbres de Turenne, par Mascaron ; du prince de Condé, par Bourdaloue. *Paris, Lefèvre,* 1826, gr. in-8, cart., non rogné. Portrait.

Papier cavalier vélin.

7 — PETIT CARÊME de Massillon. *Paris, Lefèvre,* 1824, gr. in-8. Portrait de Massillon, gravé par Roger *sur Chine avant la lettre,* cart., non rogné.

Exemplaire en papier cavalier vélin.

8 — ŒUVRES de C.-A. Demoustier. — Lettres à Émilie sur la mythologie. *Paris, A. Renouard,* 1809, 5 parties en 2 vol. — Éducation, 1 vol. — Cours de morale, 1 vol. — Ensemble, 4 vol. in-8, br.

9 — LETTRES à Émilie sur la mythologie, par C.-A. Dumoustier. *Paris, Renouard,* 1809, IVe, Ve et VIe parties, in-8, br. Figures de Moreau.

Exemplaire incomplet des 1re, 2e et 3e parties.

SCIENCES

10 — Essais de Michel de Montaigne, avec les notes de tous les commentateurs, édition publiée par J.-V. Le Clerc. *A Paris, Lefèvre*, 1826, 5 vol. gr. in-8, br. Portrait.

Exemplaire en papier cavalier vélin.

11 — Les Caractères de La Bruyère, suivis des Caractères de Théophraste, traduits du grec, par le même. *Paris, Aimé André*, 1829, 2 vol. gr. in-8, br. Portrait.

Exemplaire en papier vélin cavalier.

12 — Les caractères de La Bruyère. *Tours, Alfr. Mame*, 1867, gr. in-8, br.

Exemplaire en papier de hollande, orné de 18 vignettes gravées à l'eau-forte par V. Foulquier.

13 — Réflexions ou sentences et maximes morales de La Rochefoucauld. *Paris, Lefèvre*, 1827, gr. in-8, br. Portrait.

Exemplaire en papier cavalier vélin.

14 — Caractères et réflexions morales, par le vicomte de L. C. (De La Chartre). *Paris, de l'imp. de Firm. Didot*, 1820, in-8, br.

15 — Pensées, par Mme la princesse Constance de Salm. *Aix-la-Chapelle et Paris, Arthur Bertrand*, 1829, in-16, en feuilles. Portrait.

16 — Essai des essais de Goldsmith, traduit de l'anglais. *A Paris, de l'impr. de Monsieur*, 1788, in-16, br. Portrait.

17 — The tower menagerie : comprising the natural his-

tory of the animal contained in that etablishment; with anecdotes of their characters and history illustrated by portraits of each taken from life, by William Harvey. *London*, 1829, in-8, dem.-rel., bas. verte.

18 — L'INSECTE, par J. Michelet, nouvelle édition illustrée de 140 vignettes sur bois, dessinées par H. Giacomelli. *Paris, L. Hachette*, 1876, gr. in-8, br.

19 — L'OISEAU, par J. Michelet, édition illustrée de 210 vignettes sur bois, dessinées par H. Giacomelli. *Paris, L. Hachette*, 1867, gr. in-8, br.

20 — LUCINA sine concubitu; Lucine, affranchie des lois du concours; ouvrage singulier traduit de l'anglais de Johnson, par le citoyen Moet. *Paris, Mercier*, 1795, in-8 de 73 pages, br.

BEAUX-ARTS

21 — RECUEIL de notices historiques lues dans les séances publiques de l'Académie royale des Beaux-Arts à l'Institut, par M. Quatremère de Quincy. *Paris, Adr. Le Clere*, 1834, in-8, br.

22 — SUITE du recueil de notices historiques lues dans les séances publiques de l'Académie royale des Beaux-Arts à l'Institut, par M. Quatremère de Quincy. *Paris, Adr. Le Clere*, 1837, in-8, br.

Exemplaire en GRAND PAPIER VÉLIN FORT.

23 — HISTOIRE de la vie et des ouvrages de Raphaël, par M. Quatremère de Quincy. *Paris, Adr. Le Clere*, 1833, in-8, br. Portrait et gravures au trait.

24 — LA FABLE de Psyché, figures de Raphaël. *Paris, Henri Didot*, 1802, in-4, br. Gravures au trait.

Exemplaire en feuilles.

25 — LES ÉMAUX de Petitot. — Portraits de personnages historiques et de femmes célèbres du siècle de Louis XIV, gravés au burin, par M. L. Ceroni. *Paris, B. Blaisot*, 1862, 2 vol. in-4, br.

Exemplaire en GRAND PAPIER DE HOLLANDE, portraits sur CHINE AVANT LA LETTRE.

26 — SOUVENIRS de Madame Vigée Le Brun. *Paris, Charpentier*, 1869, 2 vol. in-12, br.

27 — ŒUVRES posthumes de Girodet-Trioson, peintre d'histoire, suivies de sa correspondance, précédées d'une notice historique et mises en ordre par P.-A. Coupin. *Paris, Jules Renouard*, 1829, 2 vol. gr. in-8, br. Portraits.

Bel exemplaire en GRAND PAPIER VÉLIN, orné des figures de l'auteur, eaux-fortes et avec la lettre.

28 — SALON d'Horace Vernet, analyse historique et pittoresque des quarante-cinq tableaux exposés chez lui en 1822, par MM. Jouy et Jay. *Paris, Ponthieu*, 1822, in-8, br.

29 — COLLECTION de M. Jules Boilly. — Catalogue de dessins anciens, principalement de l'École française, et quelques objets d'art. *Paris, imp. de Claye*, 1867, in-8, br.

Exemplaire en PAPIER DE HOLLANDE, orné de 10 planches gravées à l'eau-forte. On y a ajouté deux lettres autographes signées de M. J. Boilly et un catalogue en petit papier, qui contient au crayon les prix d'adjudication.

30 — LA VIE et les œuvres de Jean-Baptiste Pigalle, sculpteur, par Tarbé. *Paris, V. J. Renouard*, 1859, in-8, br., papier vergé.

31 — Canova et ses ouvrages, ou mémoires historiques sur la vie et les travaux de ce célèbre artiste, par M. Quatremère de Quincy. *Paris, Adr. Le Clere*, 1834. gr. in-8, br. Portrait.

32 — Liste générale et alphabétique des portraits gravés des Français et Françaises illustres jusqu'en l'année 1775 ; dans laquelle on indique le nom des graveurs, le format des portraits, avec quelques remarques sur leur beauté et leur rareté ; extraits du tome IV⁰ de la bibliothèque historique de la France, du Père Lelong, augmentée par M. Fevret de Fontette, et publiée par M. Barbeau de la Bruyère. *Paris, de Bure*, 1809, in-fol., cart.

33 — Liste alphabétique de portraits français gravés jusques et y compris l'année 1775, par Soliman Lieutaud. *Paris*, 1846, in-4, br., de 105 pages.

2ᵉ édition.

34 — Evans. Catalogue of 30,000 Bristish portraits....... *Londres*, s. d., 2 vol. in-8, cart.

35 — L'Alphabet de la mort de Hans Holbein, entouré de bordures du xviᵉ siècle, publié d'après les manuscrits, par Anatole de Montaiglon. *Paris, Edwin Tross*, 1856, in-8, cart. perc. rouge.

36 — Les Songes drôlatiques de Pantagruel. *Paris, Dalibon*, 1823, 5 livr. in-8. Gravures.

37 — Promenade ou itinéraire des jardins d'Ermenonville, auquel on a joint vingt-cinq de leurs principales vues dessinées et gravées par J. Merigot fils. *A Paris, de l'impr. de Belin*, 1811, in-8, cart. Gravures.

Fortes taches.

38 — L'Œuvre de Moreau le jeune, notice et catalogue, par

Henri Draibel, portrait gravé d'après Cochin. *Paris,
P. Rouquette*, 1874, in-8, br., de 80 pages.

39 — Sapho. Recueil de compositions dessinées par Girodet et gravées par M. Chatillon, son élève, avec une
notice sur la vie et les œuvres de Sapho, par M. P.-A.
Coupin. *Paris, Jules Renouard*, 1827, in-4, demi-rel.,
bas. rouge. (16 planches.)

40 — Les Amours des Dieux, recueil de compositions dessinées par Girodet et lithographiées par MM. Aubry, le
comte Chatillon, Cousin, etc., avec un texte explicatif.
Paris, Engelman, 1826, in-folio, cart. (16 planches.)

41 — Vignettes pour l'histoire de Napoléon, par M. de
Norvins, gravées par MM. Lefèvre, Pélée, Blanchard,
Pollet, d'après les tableaux de MM. le baron Gros,
H. Vernet, Eug. Lamy, etc. 17 pièces sur Chine.

42 — Album Béranger-Grandville, contenant 120 vignettes
sur bois, composées sur les sujets des chansons. *Paris,
H. Fournier*, 1837, in-8 cart. (*Gravures sur Chine.*)

43 — L'Historien de Charlet, peint par lui-même. Étude
biographique, par Henri de Saint-Georges, avec un
portrait de M. de La Combe, par H^te Bellangé. *Nantes*,
1862, in-12, br.

44 — Raffet, son œuvre lithographique et ses eaux-fortes,
suivi de la bibliographie complète des ouvrages illustrés
de vignettes d'après ses dessins, par H. Giacomelli. *Paris*,
1862, gr. in-8, br. Portrait et gravures à l'eau-forte.

45 — Cahier des charges des chemins de fer, pamphlet
illustré, par Bertall. *Paris, J. Hetzel*, 1847, pet. in-8,
br. Vignettes gravées sur bois.

46 — A series of groups illustrating the physiognomy manners, and character of the people of France and Germany, by George Lewis. *London*, 1823, in-4, demi-rel. chagr. rouge.

47 — Paysages historiques et illustrations de l'Écosse et des romans de Walter-Scott, d'après les dessins de J.-M.-W. Turner, description par le Rév. G. N. Wright, traduit de l'anglais, par T.-A. Sosson. *Londres et Paris*, s. d., 2 vol. in-4, cart., tr. dor.

48 — Le Comic almanack, Keepsake comique pour 1842, orné de douze gravures à l'eau-forte sur acier, par Trimolet, et d'un grand nombre de dessins comiques dans le texte, par Ch. Vernier. *Paris*, *Aubert*, in-12, cart., tr. dor.

49 — Le Comic almanack, Keepsake comique pour 1843, par L. Huart, orné de 12 gravures à l'eau-forte sur acier, par Trimolet, et d'un grand nombre de dessins comiques dans le texte, par Ch. Vernier. *Paris*, *Aubert*, in-12, cart., tr. dor.

50 — Faust, vingt-six gravures d'après les dessins de Retzsch, avec une analyse du drame de Gœthe, par Mme Élise Voiart. *Paris*, *Audot*, 1828, in-18 obl., br. 26 planches au trait.

BELLES-LETTRES

1° POÉSIE

51 — Anacréon, Sapho, Bion et Moschus, traduction nouvelle en prose, suivie de la Veillée des fêtes de Vénus, et

d'un choix de pièces de différents auteurs, par M. M***
C*** (Moutonnet de Clairfons). *A Paphos, et se trouve
à Paris, chez Le Boucher*, 1773, in-8, v. marb.

Edition ornée de charmantes vignettes d'Eisen, qui se trouvent ici en
excellentes épreuves.

52 — Odes d'Anacréon, traduites en vers sur le texte de
Brunck, par J.-B. de Saint-Victor. *Paris, chez H. Nicolle*,
1818, in-8, cart.

Un des 27 exemplaires en GRAND PAPIER VÉLIN FORT, ENTIÈREMENT
NON ROGNÉ.
Superbe volume enrichi de trois pièces :
1° Le portrait de Saint-Victor;
2° L'Amour mouillé (page 7);
3° Vénus sortant de l'onde (page 127),
Et 28 gravures anglaises et françaises, dont celles de Moreau et Boucher
AVANT LA LETTRE.
En tout 35 pièces, portraits, dessins et gravures.

53 — Musée. Héro et Léandre. On y a joint la traduction
de M. M*** C*** (Moutonnet de Clairfons). *A Sestos, et
se trouve à Paris, chez Le Boucher*, 1774, gr. in-4 cart.,
non rogné.

Exemplaire en GRAND PAPIER DE HOLLANDE, avec un superbe frontispice par Eisen, gravé par Duclos.

54 — Idylles de Théocrite, traduites en vers français, précédées d'un essai sur les poëtes bucoliques et suivies de
notes, par M. Servan de Sugny. *Paris, J.-C. Blaise*,
1829, in-8, br. Portrait de Théocrite, ajouté.

Exemplaire en feuilles.

55 — Quinti Horatii Flacci, opera omnia recensuit Filon.
*Parisiis excudebat Didot natu minor, A. Mesnier Biblio-
polam*, 1828, in-64 br.

Édition microscopique.

56 — Œuvres complètes d'Horace, traduites en français,
par Charles Batteux, édition augmentée d'un commen-

taire, par N. Le Achaintre, *Paris, Dalibon,* 1823, 3 vol. in-8 br., portrait.

Bel exemplaire en GRAND PAPIER VÉLIN fort.

57 — ÉLÉGIES de Tibulle, traduites en vers, par C. S. Mollevaut. *Paris, chez A. C. Debray,* 1806, gr. in-8 cart., non rogné.

Exemplaire en papier vélin fort.

58 — SATIRES de Juvénal, traduites par J. Dusaulx, 2ᵉ édition, augmentée par N.-L. Achaintre. *Paris, Dalibon,* 1826, 2 vol. in-8 br.

Exemplaire en GRAND PAPIER VÉLIN.

59 — SATIRES de Perse, traduites en français par Sélis; nouvelle édition, revue et augmentée de notes et observations, par L. N. Achaintre, *Paris, Dalibon,* 1822, in-8, demi-rel., bas. bleue.

Bel exemplaire en grand papier vélin fort, avec le portrait de Perse, par Devéria, en quatre états, EAU-FORTE, blanc et chine, AVANT LA LETTRE, blanc et chine.

60 — LUCRÈCE, traduction nouvelle, avec des notes, par L* G*** (La Grange, revue par J.-A. Naigeon). *Paris, Blenet,* 1768, 2 vol. gr. in-8 br.

Très-bel exemplaire en PAPIER DE HOLLANDE, illustré des suites de GRA-VELOT, de EISEN et de LEBARBIER (en tout 21 figures).
Les figures de Lebarbier sont AVANT LA LETTRE.

61 — LES POÈTES FRANÇAIS, depuis le XIIᵉ siècle jusqu'à Malherbe, avec une notice historique et littéraire sur chaque poëte. *Paris, de l'Imprimerie de Crapelet,* 1824, 6 vol. gr. in-8 cart., non rognés.

Exemplaire en GRAND PAPIER VÉLIN (nº 16 sur 50).

62 — FABLIAUX, ou contes, fables et romans du XIIᵉ et

du xiii⁰ siècle, traduits ou extraits, par Legrand d'Aussy. *Paris, J. Renouard*, 1829, 3 vol. in-8 br., gravures.

63 — Choix de fabliaux, mis en vers, (par Imbert). *Paris, Prault*, 1788, 2 vol. in-12, br., 2 frontispices gravés, non signés.

64 — Roman de la Violette ou de Gérard de Nevers, en vers, du xiii⁰ siècle, par Gibert de Montreuil, publié par Francisque Michel. *Paris, Silvestre*, 1836, in-8, figure en fac-simile, mar. viol. à comp., fil., doublé de mar. viol., doré en tête, non rogn. (*Simier.*)

> Exemplaire en GRAND PAPIER VÉLIN avec les figures en doubles épreuves noires et coloriées, rehaussées d'or.

65 — Le Livre des cent ballades, publié par le Marquis de Queux de Saint-Hilaire. *Paris, E. Maillet, Louis Perrin imp.*, 1868, pet. in-8 br., texte encadré de filets rouges, couverture en vélin blanc.

66 — Le Roman du Roi Flore et de la belle Jeanne, publié par Francisque Michel. *Paris, Techener*, 1838, in-12, br., papier de Hollande.

67 — Œuvres complètes de Clément Marot. *Paris, Rapilly*, 1824, 3 vol. in-8 br.

> Exemplaire en GRAND PAPIER VÉLIN, orné d'un portrait gravé par Bouvoisin et d'un autre ajouté, gravé par Gaucher.

68 — Œuvres choisies de Clément Marot, accompagnées de notes historiques et littéraires, par M. Desprès, etc. *Paris, Janet et Cotelle*, 1826, in-8, br., papier vélin, portrait.

69 — Poeme inédit, de Jehan Marot, publié d'après un manuscrit de la Bibliothèque Impériale, avec une introduction et des notes, par Georges Guiffrey. *Paris, V⁰ Jules Renouard*, 1860, in-8, br., papier teinté.

70 — ŒUVRES de Regnier, édition Louis Lacour. *Paris,
(Jouaust)*, 1867, in-8, br.

> On a ajouté à cet exemplaire plusieurs portraits de Regnier, dont celui
> de Ingouf, celui de Boilly AVANT LA LETTRE, un portrait de J. Passerat,
> gravé par Gaucher.

71 — ŒUVRES complètes de Regnier, nouvelle édition,
avec le commentaire de Brossette. *Paris, A. Lequien,*
1822, in-8, br., papier vélin.

72 — ŒUVRES choisies de Malherbe. *A Paris, de l'Imprimerie de F. Didot l'aîné*, 1796, in-12, br., papier
vélin.

> Portraits ajoutés de Malherbe, gravés par Ingouf (2 épreuves) ; le même,
> gravé par Richard ; le même, publié par Renouard ; celui de Henri IV,
> par Roger ; celui de Marie de Médicis, gravé par Geoffroy et celui de Ri-
> chelieu, gravé sur acier par Derly.

73 — ŒUVRES choisies de Malherbe, avec des notes de tous
les commentateurs, édition publiée par L. Parrelle. *Paris,
Lefèvre,* 1825, 2 vol., gr. in-8, br.

> Exemplaire en papier vélin, orné d'un portrait de Malherbe, gravé par
> Roger.

74 — LES CHANSONS folastres et récréatives, de Gaultier
Garguille. *Paris, A. Claudin,* 1858, in-12, br., portrait.

> Exemplaire avec un carton.

75 — ÉLOGE DE BOILEAU-DESPRÉAUX, par F. A. J. Mazure.
Niort, 1805, br. in-8, de 25 pages.

76 — ŒUVRES de Boileau-Despréaux, avec un commentaire, par M. de Saint-Surin. *Paris, J.-J. Blaise,* 1821,
4 vol., gr. in-8., cart.

> Très-bel exemplaire, l'un des DOUZE tirés sur PAPIER DE HOLLANDE,
> orné des figures de l'édition sur *papier de Chine avant la lettre, papier
> blanc avant la lettre* et les *eaux-fortes.*
> Parmi les portraits ajoutés à cet exemplaire, nous mentionnerons celui de
> Molière, par Mignard, gravé par J. Cathelin ; J. Racine, par Santerre,

gravé par Savard; Mme Deshoulières, gravé par Savart; Louis le Grand, par H. Rigault, gravé par P. Savart.

Ces quatre portraits sont d'une grande beauté comme épreuves.

On a ajouté aussi ceux de Ant. Arnaud, Eusèbe Renaudot, Mme de La Sablière, gravé par Tony Johannot, *épreuve sur chine*; un beau portrait de Louis XIV, épreuve ancienne en médaillon découpé et remonté sur papier blanc; le même portrait, d'après Desenne, épreuve *avant la lettre*; celui de Molière, gravé par Migneret, *sur chine*; le marquis de Daugeau; De Valincour.

Superbe exemplaire.

77 — Œuvres de Boileau, avec un nouveau commentaire, par M. Amar. *Paris, Lefèvre*, 1824, 4 vol., gr. in-8, papier cavalier vélin, cart., non rognés.

78 — Œuvres poétiques de Boileau, avec des notices, par M. Poujoulat. *Tours, Alf. Mame*, 1870, gr. in-8, br.

Exemplaire en PAPIER DE HOLLANDE, orné de vignettes gravées à l'eauforte par V. Foulquier.

79 — Fables de La Fontaine, édition illustrée, par J. David, accompagnée d'une notice historique et de notes, par le baron Walckenaer. *Paris, Arm. Aubrée, s. d.,* 2 vol., gr. in-8, br., frontispice en couleur, portrait de La Fontaine, gravé par Choubard, et vignettes sur bois.

80 — Fables de J. de La Fontaine. *Paris, Imp. de Plon fr.,* in-64, br., dans un étui cart.

Édition miniature. Double suite de vignettes ajoutées.

81 — Figures des fables de La Fontaine, gravées sur bois. pour *l'édition Parisienne, en 2 volumes in-32, publiée par G. A. Crapelet, Imprimeur.* Paris, Crapelet, 1830, gr. in-8, cart.

Exemplaire en PAPIER DE CHINE.

82 — Fables causides de La Fontaine, en vers Gascouns. *A Bayonne, de l'imprimerie de Paul Fauvet Duhard,* 1776, in-8, br., titre gravé, par N. Le Mire, d'après Moreau.

— Même ouvrage, même édition, in-8, cart.

83 — Contes et Nouvelles en vers, par M. de La Fontaine. *Amsterdam (Paris, Barbou,)* 1762, 2 vol. in-8., 2 portraits et nombreuses figures d'Eisen, vignettes et culs-de-lampes, par Choffart, mar. rouge, fil. tr. dor., *(Anc. Reliure.)*

Bel exemplaire de l'édition *des fermiers généraux.* Les figures sont en bonnes épreuves. Celle du *Cas de conscience* et du *Diable de Papefiguière* sont découvertes.
Quelques mouillures.

83 (*bis*) — Contes et Nouvelles, en vers, par Jean de La Fontaine. *Paris, de l'Imp. de F. Didot l'aîne,* 1795, 2 vol. in-4.

Exemplaire en feuilles, sans les gravures.

84 — Contes et Nouvelles, en vers, par Jean de La Fontaine. *Paris, de l'Imp. F. Didot aîné,* 1795, 2 vol in-18, br., papier vélin.

Exemplaire en feuilles, préparé pour la reliure, auquel on a ajouté comme illustrations : 1º La petite suite d'Eisen ; 2º Les figures de Gravelot, tirées de Bocace ; 3º Quelques vignettes de Desrais ; 4º Deux gravures de Marillier, gravées par Delvaux ; 5º Quatre gravures de Moreau le jeune, dont trois *avant la lettre* pour *Le Gascon puni, La Clochette* et *les Quiproquos* ; 6º Les figures de Desenne, *avant la lettre* ; 7º Celles de Devéria, *sur chine avant la lettre* ; 8º Diverses gravures, par Colin, Alf. Johannot ; figures anglaises, etc. En tout 81 pièces.

85 — Contes et Nouvelles, en vers, par Jean de La Fontaine. *Paris, Leclerc fils,* 1861, 2 vol., pet. in-8, br., vignettes gravées.

Un des cent exemplaires sur papier vélin fort.

86 — Adonis, poëme, par J. de La Fontaine, tel qu'il fut présenté à Fouquet, en 1658, publié pour la première fois, d'après le manuscrit original, par C. A. Walckenaer. *Paris,* 1825, br. in-8, de 32 pages.

Exemplaire en papier vélin fort.

87 — Adonis, poëme, par Jean de La Fontaine. *Paris, de*

l'Imp. de F. Didot l'aîné, an IIe de la République française, in-18, br., de 66 pages, papier vélin, portrait de La Fontaine, sur le titre en médaillon, gravé par Dupréel, d'après Rigault, et une vignette ajoutée, de Deseune.

88 — HISTOIRE de la vie et des ouvrages de J. de La Fontaine, par C.-A. Walckenaer. *Paris, Nepveu, L. de Bure,* 1824, gr. in-8 br., portrait et figures, en triple état.

> Exemplaire en GRAND PAPIER DE HOLLANDE, orné de nombreux portraits ajoutés, parmi lesquels nous citerons celui de La Fontaine en médaillon, au-dessous duquel est gravée sa maison de Château-Thierry ; Boileau, par Saint-Aubin ; Mme de La Sablière, par Tony Johannot, avec la lettre, blanc, avec la lettre, chine et eau-forte, page 292 ; une gravure de Desenne ; La Fontaine lisant une fable, *épreuve avant la lettre,* etc.

89 — POÉSIES DIVERSES, d'Antoine Rambouillet de la Sablière et de François de Maucroix, publiées par C. A. Walckenaer. *Paris, A. Nepveu,* 1825, in-8 br., papier vélin, gravure de Devéria.

90 — ŒUVRES de Madame Des Houlières. *De l'Imp. de Crapelet, à Paris, chez Desray,* an VII, 2 vol. in-8, cart., non rog.

> Exemplaire en PAPIER VÉLIN FORT, avec le portrait gravé par Tardieu *avant la lettre.*

91 — ŒUVRES poétiques de J. B. Rousseau, avec un commentaire, par M. Amar. *A Paris, chez Lefèvre,* 1824, 2 vol., gr. in-8 br.

> Exemplaire en papier cavalier vélin.

92 — LA PUCELLE, poëme en XXI chants, par Voltaire, avec préface, avertissements, notes, etc., par M. Beuchot. *Paris, Firm. Didot fr.,* 1832. in-8, en feuille.

> On a ajouté à cet exemplaire deux jolis fleurons gravés par Choffard.

93 — LA PUCELLE D'ORLÉANS, poëme, en vingt-un chants,

par Voltaire. *Paris, Leclère,* 1865, 2 vol., gr. in-12 br.,
portrait de Voltaire, frontispice et vignettes gravées,
d'après Duplessis-Berthault.

94 — Contes et Nouvelles en vers, par Voltaire, Vergier,
Senecé, Perrault, Moncrif et le P. Ducerceau. *A Paris,
Leclère, fils,* 1862, 2 vol. in-12, br., vignettes gravées à
l'eau-forte.

En dehors des gravures de l'ouvrage, on a ajouté à cet exemplaire les
portraits de J. Vergier; ceux de Ch. Perrault, gravé par Ingouf, de Moncrif; Grécourt, de Piron, Saint-Lambert, Champfort et Neufchâteau.
Onze vignettes de Duplessis-Bertaux, tirage à part; figure d'Eisen, pour
les Cerises (tome II, page 55), épreuve à L'EAU-FORTE et épreuve avant
la lettre.
Un cul-de-lampe de Marillier, tirage à part (page 125, tome II), et environ 35 gravures par Moreau, Monnet, Desenne et quelques-unes AVANT
LA LETTRE.

95 — Œuvres de Gresset. *Paris, Renouard,* 1811, 2 vol.;
— Le Parrain magnifique, poëme, 1810; ens., 3 vol. in-8,
br.

BEL EXEMPLAIRE EN PAPIER VÉLIN, contenant la suite des jolies figures
de Moreau, *avant la lettre.* On y a joint un portrait de Gresset.

96 — Œuvres choisies de Gresset, précédées d'un essai
sur sa vie et ses écrits, par M. Campenon. *Paris, Janet et
Cotelle,* 1823, in-8, br.

Un des 60 exemplaires en grand papier vélin, avec une gravure d'après
Desenne, gravée par Roger. Eau-forte et avant la lettre.

97 — Gresset. — Ver-vert, suivi de la Chartreuse,
l'abbaye, et autres pièces. *Paris, Laurent et Deberny,*
1855, in-64, br., dans un étui cart.

Édition microscopique.

98 — Ver-vert ossia il pappagallo di M. Gresset, tradotto
in versi italiani da Ludovico Antonio Vincenzi. *Parma,
Bodoniani,* 1803, in-8 de 35 pages, cart., n. rog.

Mouillures.

99 — Le Fond du sac, ou recueil de contes en vers et en prose et de pièces fugitives. *Paris, Leclère, 1866*, in-8 br., papier de Hollande.

> Cet ouvrage, tiré à petit nombre, est orné d'un frontispice et de douze jolies vignettes en tête de page.
> Très-bel exemplaire.

100 — Œuvres choisies, de Dorat, précédées d'une notice biographique et littéraire, par M. Després. *Paris, Janet et Cotelle, 1827*, in-8, en feuilles.

> Exemplaire en GRAND PAPIER VÉLIN.

101 — LES BAISERS, précédés du Mois de Mai, poëme, (par Dorat). *A La Haye et se trouve à Paris, chez Lambert et Delalain, 1770*, in-8, figures, mar. rouge, large dentelle, sur les plats, tr. dor. (*Derome*).

> Figures, vignettes et fleurons, par Eisen et Marillier.
> Superbe exemplaire de 1er TIRAGE, EN GRAND PAPIER, titre rouge et noir, avec armoiries sur les plats.
> Les ornements de la reliure sont très-remarquables.

102 — Fables nouvelles (par Dorat.) *A La Haye et se trouve à Paris, chez Delalain, 1773*, in-8, frontispice, vignettes et culs-de-lampe, par Marillier, v. gran., fil., tr. dor.

> Exemplaire en GRAND PAPIER DE HOLLANDE. Tome I.

103 — Fables nouvelles, (par Dorat), *A La Haye et se trouve à Paris, chez Delalain, 1773*, 2 vol. gr. in-8, cart., frontispices, vignettes et culs-de-lampe, par Marillier.

> Très-bel exemplaire en GRAND PAPIER DE HOLLANDE ENTIÈREMENT NON ROGNÉ. On a ajouté à cet exemplaire quinze tirages à part des vignettes, entêtes, ainsi que six fleurons culs-de-lampe que nous allons désigner :
> Tome Ier, LIVRE Ier. — Un double frontispice de Marillier. Portrait de Dorat, gravé par Dupin.
> Entêtes pour les fables VII, XIV, XV et XXIII.
> Cul-de-lampe de la fable XXIV.
> L'entête du conte *Le Chemin perdu.*

Livre II. — Entête de la fable III.
Cul-de-lampe de la fable V; représentant le buste de Corneille.
Entête de la fable IX.
Cul-de-lampe de la fable XV.
Entête de la fable XX.
Tome II, Livre III. — Le portrait de Dorat, par Denon, gravé par Saint-Aubin.
L'entête de la fable V (eau-forte) et VII.
Une gravure in-18 de Moreau, *épreuve avant la lettre*, pour la fable VIII *Les Trois pommes*.
Le cul-de-lampe de la fable XXI.
Livre IV. — L'entête de la fable I, VII et XII.
L'entête de la fable XII est une *eau-forte*.
Le cul-de-lampe de la fable XII.
L'entête et le cul-de-lampe de la fable XV et l'entête de la fable XIX.
Le tome Ier est du second tirage.

104 — Fables de Florian, précédées d'une notice sur sa vie et ses ouvrages. *Paris, Ponthieu*, 1825, in-8, portrait, par Deveria, demi-rel., v. vert.

> Exemplaire enrichi de quatorze petits dessins coloriés et de dix-huit gravures in-18, épreuves sur chine, édition De Bure.

105 — Idylles, par M. Berquin, s. l. n. d., 2 parties en un vol. in-16, frontispices, titres et 24 figures, par Marillier, v. fauve, ant. fil. tr. dor.

> Exemplaire sur papier de Hollande. Les gravures sont du premier tirage et avant les numéros.

106 — Idylles, Romances et autres poésies, de Berquin. *Paris, Ant. Aug. Renouard*, 1803, in-16, figures, cart. n. rog.

> Cet ouvrage est orné de figures charmantes par Borel, gravées par Delignon, Dupréel, etc.; dix-neuf figures pour les *Idylles* et dix figures pour les *romances*, plus quatre figures de Marillier ajoutées. En tout trente-trois figures.

107 — Le Banquet de l'amitié, poëme en quatre chants, par M. Ducis. *Paris, chez Delalain*, 1771, br. in-8, papier de Hollande.

108 — Le Jugement de Paris, poëme en quatre chants,

suivi d'œuvres mêlées, par M. Imbert. *Amsterdam*, 1774, in-8, figure, v. éc. fil. tr., marbr.

EXEMPLAIRE EN GRAND PAPIER DE HOLLANDE, orné d'un titre gravé, de quatre jolies figures, par Moreau, et de quatre vignettes, par Choffart.

109 — HISTORIETTES, ou nouvelles en vers, par M. Imbert. *Paris, chez Delalain*, 1874, in-8, titre gravé, figures et vignettes, par Moreau, veau écail., fil., tr. dor.

On a ajouté à cet exemplaire le tirage à part des vignettes en-tête pour le Ier, le IIe et le IVe livre.
Celle du Ier livre est à l'état d'eau-forte.

110 — NOUVELLES HISTORIETTES, en vers, par M. Imbert. *Amsterdam, et se trouve à Paris, chez Delalain l'aîné*, 1781, gr. in-8, cart., non rog.

Exemplaire en GRAND PAPIER DE HOLLANDE.

111 — ŒUVRES de Chaulieu, publiées d'après le manuscrit de l'auteur. *La Haye et Paris*, 1774, 2 vol. in-8, br.

Bel exemplaire en GRAND PAPIER DE HOLLANDE, orné du portrait gravé par Hubert.

112 — CONTES, mis en vers, par un petit cousin de Rabelais. *A Londres, et se trouve à Paris, chez Ruault*, 1775, in-8 br., vignette d'Eisen sur le titre et gravure et frontispice par le même.

Ouvrage composé par D'Aquin de Châteaulyon.
Exemplaire en feuilles.

113 — FABLES, par M. Boisard, *s. l.* (Paris), 1779, 2 vol., gr. in-8, figures et vignettes, br.

Exemplaire en GRAND PAPIER DE HOLLANDE NON ROGNÉ, orné de figures de Monnet.

114 — LE TEMPLE DE GNIDE, mis en vers, par M. Colardeau. *A Paris, chez Legay*, s. l., in-8, titre gravé et figures de Monnet, v. marbr.

115. — ŒUVRES choisies de Colardeau. *Paris, Janet et Cotelle*, 1825, in-8, br.

Exemplaire en grand papier vélin fort.

116 — ŒUVRES de Malfilâtre, nouvelle édition, accompagnée de notes et précédée d'une notice, par M. L*** (Paul Lacroix). *Paris, Jehenne*, 1825, in-8, demi-rel., avec coins, bas viol., non rogné.

EXEMPLAIRE EN GRAND PAPIER VÉLIN, avec le portrait gravé par Bertonnier, *sur chine avant la lettre*, et celui ajouté de Chasselat, DESSIN ORIGINAL, et l'épreuve à l'eau-forte.

De plus, on a ajouté à cet exemplaire, pour *Narcisse dans l'île de Vénus* :
1º Le frontispice de Myris, gravé par Adam;
2º Le frontispice d'Eisen, gravé par De Ghent, SUPERBE ÉPREUVE AVANT LA LETTRE, et les quatre figures de Saint-Aubin, gravées par Massart, aussi *avant la lettre sur papier de Hollande*;
3º Deux gravures in-18 de Marillier, gravées par De Ghendt pour le chant Iᵉʳ, *épreuves avant la lettre*;
4º Deux gravures de Lebarbier *avant la lettre*, pour le chant IV.
5º Quatre gravures anglaises et autres diverses ;
6º Le Soleil fixe, belle gravure d'Eisen, gravée par De Ghendt, *épreuve avant la lettre* ;
7º Sophie Arnould, gravée par Bourgeois de la Richardière.
Cette réunion comprend vingt et une pièces.

117 — ŒUVRES d'Evariste Parny. *Paris, Debray*, 1808, 5 vol., gr. in-18 cart., (*non rognés.*)

Exemplaire en PAPIER VÉLIN FORT.

118 — ŒUVRES choisies de Parny, précédées d'une notice historique sur sa vie. *Paris, Roux Dufort*, 1826, in-8, br.

119 — ŒUVRES choisies de Parny, augmentées des variantes de texte et des notes. *Paris, Lefèvre*, 1827, in-8, br.

Exemplaire en papier cavalier vélin.

120 — ŒUVRES complètes de Gilbert, publiées pour la première fois, avec les corrections de l'auteur, et les variantes,

accompagnées de notes littéraires et historiques. *A Paris, chez Dalibon*, 1823, in-8, br., papier vélin fort.

Exemplaire en feuilles.

121 — Œuvres complètes de Bertin, avec notes et variantes, précédées d'une notice historique sur sa vie. *Paris, Roux-Dufort*, 1824, gr. in-8, br.

Exemplaire en GRAND PAPIER VÉLIN FORT, orné d'une gravure de Desenne, eau-forte et avant la lettre.

122 — Œuvres du cardinal de Bernis, de l'académie française. *Paris, N. Delangle*, 1825, gr. in-8, demi-rel. v. rouge, non rog.

Exemplaire en GRAND PAPIER VÉLIN FORT.
On a ajouté à cet exemplaire un billet autographe signé de l'auteur daté de 1759, et quelques gravures et portraits modernes.

123 — ESSAI DE FABLES nouvelles, dédiées au Roi, suivies de poëmes divers, et d'une épître sur les progrès de l'Imprimerie, par Didot fils aîné. *Paris, Ambr. Didot aîné*, 1786, in-16, papier vélin, br.

124 — LE PETIT NEVEU DE BOCACE, contes nouveaux en vers, (par Plancher de Valcour). *Amsterdam*, 1787, 3 vol. in-8, br.

Exemplaire en papier rose.

125 — ETRENNES aux belles, données par Voltaire, quinze jours avant sa mort. *Paris, chez la V° Guillaume*, 1788 in-12, br., de 54 pages.

Gravure ajoutée.

126 — DÉLASSEMENS DU BOUDOIR, recueil des poésies galantes, dont la plupart n'on point encore été imprimées, *s. l.*, 1790, in-18, en feuille, frontispice.

127 — POÉSIES DIVERSES, de M. de Bonnard. *A Paris, chez Desenne*, 1791, in-8, demi-rel., bas.

128 — Le Mérite des Femmes, poëme, par Gabr. Legouvé. *De l'Imp. de F. Didot l'aîné*, an IX, pet. in-12, papier vélin, cart., n. rogné, 2 gravures de Duplessis Bertaux.

> Ouvrage orné d'un titre gravé de Desenne, édition Janet, et six gravures de Devéria, *sur chine avant la lettre*, ajoutées.

129 — Le Mérite des Femmes, nouvelle édition, augmentée de poésies inédites, par Legouvé. *Paris, (de l'Imp. de Jules Didot l'aîné)*, 1830, in-16, cart., non rogné.

> Ouvrage orné d'un titre et de cinq vignettes de Desenne à l'eau-forte, gravées.
> Exemplaire préparé pour la reliure.

130 — Œuvres complètes de G. Legouvé. *Paris, Louis Janet*, 1826, 3 vol., in-8, br.

> Exemplaire en GRAND PAPIER VÉLIN, avec les figures de l'édition *avant la lettre*.

131 — Saint-Lambert.— Les Saisons, poëme. — Œuvres mêlées. *A Paris, de l'Imp. de F. Didot l'aîné*, 1795, 2 vol. in-16, papier vélin, cart., non rogné.

> On a ajouté à cet exemplaire le portrait de saint Lambert, par Scall, gravé par Pourvoyeur, *épreuve sur chine avant la lettre*, et une vignette d'Eisen, gravée par De Longueil, tirage à part.

132 — Les Saisons, poëme, par Saint-Lambert. *Paris, Janet et Cotelle*, 1823, in-8 br., papier vélin, fort.

133 — Œuvres complètes, de Grecourt, enrichies de gravures, nouvelle édition, soigneusement corrigée et augmentée d'un grand nombre de pièces qui n'avaient jamais été imprimées. *Paris, Imp. de Chaigneau aîné*, 1796, 4 vol., in-8, figures, demi-rel., v. vert, maroquin.

> Bel exemplaire en GRAND PAPIER VÉLIN, orné des figures de Fragonard, *avant la lettre;* le portrait de Grécourt, *eau-forte* et *avant la lettre*.

134 — L'Art d'aimer, et poésies diverses, de Bernard. *A Paris, de l'Imp. de Didot jeune, l'an troisième*, in-8, br.

> Exemplaire en papier VÉLIN FORT, auquel on a ajouté deux beaux por-

traits de Gentil Bernard, dont l'un gravé par Delvaux, d'après Nattier ; les figures d'Eisen et de Martini et celles de Prud'hon, gravées au trait par Lingée, pour chaque chant. Nous mentionnons aussi une épreuve à L'EAU-FORTE d'Eisen pour le IVe chant de Phrosine et l'estampe de Prud'hon, gravée par Roger, épreuve AVANT LA LETTRE, sur papier blanc.

135 — ŒUVRES, de P.-J. Bernard. A Paris, de l'Imprimerie de *F. Didot l'aîné*, 1797, in-4, avec 4 gravures, d'après Prud'hon, AVANT LA LETTRE, cart., non rog.

> Édition tirée à 150 exemplaires sur papier vélin fort d'Auvergne et contenant les opéras.
> On a ajouté à ce bel exemplaire :
> 1º Trois portraits de Bernard, dont *un dessiné en couleur par Baudet* ;
> 2º Un portrait de Voltaire, par Adr. Simonet, *épreuve sur chine, relevée au coloris* ;
> 3º Deux portraits de Prud'hon : un lithographié et l'autre *sur chine avant la lettre* ;
> 4º Un portrait de P. Didot l'aîné, *épreuve avant la lettre* ;
> 5º Un JOLI DESSIN au crayon noir pour Phrosine et le même remanié au burin, par Roger, plus l'estampe à l'eau-forte, par Prud'hon, *épreuve avant la lettre* ;
> 6º Jupiter et Léda, d'après Paul Véronèse, *gravé à l'eau-forte, par Saint-Aubin* (page 123) ;
> 7º Le portrait de Mⁿ Marie Sallé, *estampe in-4º, gravée par Petit, d'après le tableau de M. Fenouil* ;
> 8º Le Coucher, d'après Vanloo, gravé en Angleterre ;
> 9º Vingt-cinq gravures diverses, par Lebarbier (quelques eaux-fortes), Girodet, Hersent, Loder, etc.
> En tout trente-neuf pièces, dessins, gravures et portraits.

136 — ŒUVRES de Bernard. *Paris, Arthus Bertrand,* 1810, 2 vol., in-8, br.

137 — ŒUVRES de Léonard, recueillies et publiées par Vincent Campenon. *A Paris, de l'Imp. de Didot jeune,* 1798, 3 vol., in-8, cart.

138 — CONTES ET ÉPIGRAMMES, par le cit.** (Louis-Antoine Gobet). *Paris,* An VIII, in-12, br., de 66 pages.

> A la suite de cet exemplaire se trouve broché : *Le Barbier optimiste* (par le même). *Paris,* 1814. Exemplaire de 25 pages.

139 — LE PRINTEMPS d'un proscrit, suivi de plusieurs lettres à M. Delille, sur la Pitié, par M. Michaud. *Paris, Giguet et Michaud,* 1804, in-12 br., gravure de Monsiau.

140 — Œuvres de J. Delille. *Paris, L.-G. Michaud*, 1824, 16 vol., gr. in-8, br., figures.

Très-bel exemplaire en GRAND PAPIER JÉSUS VÉLIN, avec la suite de l'édition sur *papier de chine avant la lettre.*

141 — MES PASSÉ-TEMPS : chansons, suivies de l'Art de la danse, poëme en quatre chants, par Jean-Étienne Despréaux, ornés de gravures, d'après les dessins de Moreau le jeune, avec les airs notés. *Paris, chez l'auteur*, 1806-1809, 2 vol. in-8, papier vélin, cart., non rognés.

Ouvrage orné d'un portrait-silhouette découpé par Despréaux et deux figures de Moreau, gravées par Simonet et Trière, *épreuve avant la lettre.*

142 — LA CHEZONOMIE, ou l'Art de ch.., poëme didactique, en quatre chants, par Ch. R..., (Charles Rémard, conservateur de la Bibliothèque du château de Fontainebleau). A *Scoropolis, et se trouve à Paris, chez Merlin*, 1806, in-12, br.

Exemplaire en feuilles.

143 — FABLES nouvelles, dédiées à S. A. R., Madame la Princesse d'Angoulême, par M. Jauffret. *Paris, Maradan*, 1815, 2 vol., pet. in-8, car..

Exemplaire en PAPIER VÉLIN NON ROGNÉ. On y a ajouté le portrait de Jouffret, par Notte, gravé par Gaucher ; un second, par Lair, gravé par Dinard ; celui de la duchesse d'Angoulême, par Chasselat, gravé par B. Roger, *épreuve sur chine* ; les figures de Desenne *avant* la lettre et les six DESSINS ORIGINAUX.

144 — LES QUATRE AGES, par Ch. Pougens. *Paris A. Renouard, (de l'imprimerie de Didot l'aîné)*, 1819, pet. in-16 br.

145 — LA PANHYPOCRISIADE, ou le Spectacle infernal du XVIᵉ siècle, comédie épique, par Népomucène L. Lemercier. *Paris, Firm. Didot*, 1819, in-8, br. — Suite de la Panhypocrisiade. *Paris*, 1832, in-8, br.

Exemplaire en PAPIER VÉLIN FORT.

146 — ŒUVRES complètes de Millevoye. *Paris, Ladvocat,* 1822, 4 vol., gr. in-8, demi-rel, v.

Bel exemplaire en grand papier vélin fort, orné du portrait de Millevoye, par Devéria, *avant* la lettre et du *dessin original* ajouté.
On a ajouté un billet autographe signé de Millevoye.

147 — POÉSIES, par madame Amable Tastu. *Paris, Ambr. Dupont,* 1826, in-8, texte encadré, demi-rel., v. antiq., non rogné.

148 — POESIES, par madame Amable Tastu, 3ᵉ édition. *Paris, Ambr. Dupont,* 1827, in-8, br., gravure de Devéria, sur vieux chêne et vignettes sur bois.

149 — ŒUVRES poétiques, de Mᵐᵉ Dufrenoy, précédées d'observations sur sa vie et ses ouvrages, par M. A. Jay. *Paris, Moutardier,* 1827, in-8, br., portrait et gravure de Desenne.

Portrait ajouté de Mᵐᵉ Dufresnoy, gravé par Delvaux.

150 — LE PRINTEMPS D'UN PROSCRIT, poëme en quatre chants, suivi de l'enlèvement de Proserpine, et de mélanges en prose, par M. Michaud. *Paris, Ambr. Dupont* 1827, in-8, br.

151 — LES GLACES ENLEVÉES, ou la rapaxiade, poëme héroï-comique. *Paris J. Tastu,* 1827, br., in-8, de 30 pages.

Ouvrage composé par le marquis Louis-Augustin Le Ver.
Tiré seulement à vingt-cinq exemplaires.

152 — POÉSIES, de Mˡˡᵉ Elisa Mercœur, (de Nantes.) *Paris, Crapelet,* 1829, pet. in-12, br.

Portrait ajouté de Mˡˡᵉ Mercœur, d'après Gigoux, gravé par A. Delvaux

153 — ŒUVRES CHOISIES de Lebrun, précédées d'une notice sur sa vie et ses ouvrages. *Paris, Janet et Cotelle,* 1829, gr. in-8, br., papier velin, fort.

154 — Rosées, par madame Hermances Lesguillou, *Paris, L. Janet*, s. d., in-8, br.

155 — La Table ronde, poëme, *Paris, Amable Gobin*, 1829, in-8 br.

156 — Fables et contes, en vers, suivis du poëme de la Lupiade, et de la Vulpéide, par M. François de Neufchâteau. *Paris, F. Didot l'aîné*, 1815, 2 vol., in-12, br. portrait.

157 — Poésies nouvelles, par Mme Amable Tastu. *Paris, Denain et Delamarre*, 1835, in-12, cart., non rog., vignettes sur bois.

158 — Poésies du cœur, par Mme Mélanie Waldor. *Paris, L. Janet*, 1836, in-8, br.

159 — Les Oiseaux de passage, poésies, par Mme Anaïs Ségalas, *Paris, Moutardier*, 1837, in-8, br., portrait lithogr. ajouté.

160 — L'Oasis, par Georges d'Alcy. *Paris, L. Curmer*, 1842, in-12, br., papier vélin, vignettes gravées sur bois.

161 — Les Chants des vaincus, poésies nouvelles, par Mme Louise Colet. *Paris, A. Rénée*, 1846, in-8, br.

162 — Poetes normands. Portraits gravés d'après les originaux, par Ch. Devrits. Notices bibliographiques, par MM. P. Tissot, J. Janin, F. Destigny, etc., publiés sous la direction de L. N. Baratte. *Paris*, 1846, gr. in-8, br. Portraits.

163 — Les Chants des vaincus, poésies nouvelles, par Mme Louise Colet. *Paris, A. Renée*, 1846, in-8, br. Portraits.

164 — LES CONFIDENCES, par A. de Lamartine. *Paris, Perrotin*, 1849, gr. in-8, br.

Exemplaire en GRAND PAPIER DE HOLLANDE.

165 — CHEZ VICTOR HUGO, par un passant, avec 12 eaux-fortes, par M. Maxime Lalanne. *Paris, Cadart et Luquet*, 1864, gr. in-8, br.

166 — CHANTS et Chansons populaires de la France. *Paris, N. L. Delloye et Garnier fr.*, 1843-44, 3 vol. gr. in-8, br. Texte et figures, d'après Daubigny, Trimolet, Steinhell, etc.

Exemplaire de premier tirage.

167 — CHANSONS populaires des provinces de France, notices par Champfleury. *Paris, Bourdilliat*, 1860, gr. in-8, br. Illustrations de MM. Bida, Bracquemond, Courbet, Flameng, etc.

Ouvrage recherché pour la beauté des gravures.

168 — CHANSONS de P. J. de Béranger. *Paris, Baudouin fr.*, 1826, 2 vol in-18, demi-rel. bas.

168 *bis.* — CHANSONS de Béranger, anciennes et posthumes, nouvelle édition populaire, ornée de 161 dessins inédits, et de vignettes nombreuses par MM. Andrieux, Bayard, Cresson, Lauquet, etc. *Paris, Perrotin*, 1866, gr. in-8.

Exemplaire en feuilles.

169 — MÉMOIRES sur Béranger. Souvenirs, confidences, opinions, anecdotes, lettres, recueillis et mis en ordre, par Savinien Lapointe. *Paris, Gustave Havard*, 1857, in-8, br., papier de Hollande.

Ouvrage orné d'un portrait de Béranger en photographie le représentant sur son lit de mort.

170 — CHANSONS de Jacinthe Leclère. *Paris, Landois et Bigot,* 1831, in-12, br.

171 — HISTOIRE du Dante Alighieri, par M. le chevalier Artaud de Montor. *Paris, Adrien Leclère,* 1841, in-8, br.

Exemplaire en GRAND PAPIER VÉLIN, avec le portrait du Dante en deux états, avant la lettre et avec la lettre.

172 — JÉRUSALEM délivrée, poëme traduit de l'italien; nouvelle édition, revue et corrigée, enrichie de la Vie du Tasse. *Paris, Bossange et Masson,* 1814, 2 vol. in-8, br. Portrait du Tasse, gravé par Delvaux.

Exemplaire en GRAND PAPIER VÉLIN, orné des figures de Lebarbier *avant la lettre.*
Le tome II est débroché.

173 — JÉRUSALEM délivrée, traduite en vers, par M. Octavien. *Paris, Aug. Renouard,* 1818, 2 vol. in-8, br., papier vélin.

174 — OSSIAN, barde du iiie siècle, poésies galliques en vers français, par P.-M.-L. Baour Lormian. *Paris, de l'imp. de Didot l'aîné, Capelle et Renaud éditeur,* 1804, in-12, papier vélin, cart., non rogné.

175 — OSSIAN, barde du iiie siècle, poésies galliques en vers français, par P.-M.-L. Baour Lormian. *Paris, Giguet et Michaud,* 1809, in-12, cart., non rogné. (Figure de Mirys) *avant la lettre.*

176 — THE SEASONS, by James Thomson with his life, by Mr Murdoch, an essay on the plan and manner of the poem by J. Aiken. And a complete glossary and index embellished with engravings. *London,* in-8, v. fauve antique, fil., tr. dor.

177 — ONE HUNDRED fables, original and selected, by

James Northcote, R. O., etc., embellished with two
hundred and eighty engravings on wood. *London, Geo.
Lawford*, 1829, 2 vol. pet. in-8, cart.

1re et 2e séries.

178 — HERMAN ET DOROTHÉE, en IX chants. Poëme allemand de Gœthe, traduit par Bitaubé. *Paris et Stras-
bourg*, 1800, pet. in-12, cart., non rogné, figure *avant
la lettre*.

179 — CHEFS-D'ŒUVRE poétiques de Thomas Moore, traduits par Mme Louise Sw. Belloc, précédés d'un aperçu
sur les antiquités et la littérature irlandaise, par
D. O. Sullivan. *Paris, Ch. Gosselin*, 1841, in-8, br.

2° THÉATRE

180 — BIBLIOTHÈQUE dramatique, ou répertoire universel
du Théâtre-Français, publiée par MM. Ch. Nodier, P. Le-
peintre, Lemazurier, etc, *Paris, Mme Dabo-Butichert*,
1825, 7 vol in-8, br. Portraits, *grand papier vélin fort*.

Théâtre de Baron. — Saurin. — La Chaussée. — Gresset. — Fabre
d'Églantine. — Étienne, 2 vol. — Raynouard. — Baour Lormian.

181. — ŒUVRES de P. Corneille, avec les notes de tous
les commentateurs. *Paris, Lefèvre*, 1824, 12 vol. gr.
in-8, papier cavalier vélin, cart., non rognés. Portrait de
Corneille.

Le titre du tome Ier manque à cet exemplaire.

182 — ŒUVRES complètes de J. Racine, avec les notes de
tous les commentateurs, publiées par L. Aimé Martin.
Paris, Lefèvre, 1825, 7 vol. gr. in-8, br.

Exemplaire en papier cavalier vélin.

183 — THÉATRE complet de Jean Racine. *Paris, de l'Imp.*

de P. Didot l'aîné, 1816, 3 vol. in-8, papier vélin en feuilles.

184 — Œuvres de Molière, avec un commentaire, un discours préliminaire et une vie de Molière, par M. Auger. *Paris, Th. Desoer,* 1818, 9 vol. in-8, en feuilles *non pliées.*

185 — Histoire de la vie et des ouvrages de Molière, par Jules Taschereau. *Paris, Brissot-Thivars,* 1828, gr. in-8, br.

Exemplaire en GRAND PAPIER VÉLIN FORT avec deux portraits de Molière ajoutés : l'un gravé par Pollet et l'autre d'après Desenne, gravé par Larcher.

186 — Deux pièces inédites de J.-B.-P. Molière. — La Jalousie du Barbouillé, comédie. — Le Médecin volant. *Paris, Th. Desoer,* 1819, br. in-8 de 70 pages.

187 — Le Tartufe, avec des nouvelles notices historiques, critiques et littéraires, par M. Étienne. *Paris, Panckoucke,* 1824, in-8, br., papier vélin.

188 — Notes historiques sur la vie de Molière, par A. Bazin. *Paris, Techener,* 1851, gr. in-8, br., de 98 pages.

On a ajouté à cet exemplaire un portrait de Molière, gravé par Pollet, en 1833, épreuve sur chine.

189 — Molière et sa troupe, par H.-A. Soleirol. *Paris, chez l'auteur,* 1858, gr. in-8, br., papier vélin.

Ouvrage orné de cinq portraits, dont quatre de Molière.

190 — Iconographie moliéresque, par Paul Lacroix. *Paris, Aug. Fontaine,* 1876, in-8, br., portrait.

191 — Notice sur le monument érigé à Paris par souscription à la gloire de Molière. *Paris, Perrotin,* 1844, gr. in-8, br. Figures.

192 — Œuvres complètes de J.-F. Regnard. *Paris, de l'Impr. de Crapelet*, 1822, 6 vol. gr. in-8, demi-rel. avec coins v. viol., non rognés. Portrait.

Bel exemplaire en GRAND PAPIER VÉLIN FORT.

193 — Œuvres choisies de Quinault, précédées d'une nouvelle notice sur sa vie et ses ouvrages. *Paris, Crapelet*, 1824, 2 vol. gr. in-8, br.

Exemplaire en GRAND PAPIER VÉLIN, NON ROGNÉ.

194 — Œuvres dramatiques de N. Destouches. Nouvelle édition, précédée d'une notice sur la vie et les ouvrages de l'auteur. *Paris, de l'Impr. de Crapelet,* 1822, 6 vol. gr. in-8. Portrait gravé par Macret, demi-rel. bas. viol.

Exemplaire en GRAND PAPIER VÉLIN FORT, NON ROGNÉ.

195 — Œuvres de M. Destouches. *Amsterdam et à Leipzig, chez Arkstée et Merkus,* 1755, 5 vol. pet. in-12, figures de Aartman, gravées par Fritsch, v. marbr.

196 — THÉATRE choisi de Favart. *Paris, Léopold Collin,* 1809, 3 vol. in-8, cart., non rognés, portrait.

197 — Œuvres de Crébillon, avec les notes de tous les commentateurs, édition publiée par M. Parelle. *Paris, Lefèvre,* 1828, 2 vol. gr. in-8, br.

Exemplaire en papier cavalier vélin, orné du portrait de Crébillon, gravé par Roger.

198 — THÉATRE DE CAMPAGNE. — Réunion des 7 pièces de théâtre en 1 vol. in-8, v. marbr.

La mort de Bucéphale (par P. Rousseau). *Paris,* 1767.
L'Eunuque ou la Fidèle infidélité (par Ch.-F. Grandval).
Agathe ou la Chaste princesse (par le même).
Les Deux biscuits (par le même).
Sirop au cul ou l'Heureuse délivrance (par le même).
Le Pot de chambre cassé (par De Morand, Guenet et Gobier).
Madame Engueule (par Pierre Boudin).

199 — LA FOLLE JOURNÉE ou le Mariage de Figaro, comédie en cinq actes, en prose, par M. de Beaumarchais. *De l'Impr. de la Société littéraire typographique (Kehl), et chez Ruault, au Palais-Royal, 1785*, in-8, br.

Exemplaire en PAPIER VÉLIN FORT, orné de cinq figures de S. Quentin, gravées par Malapeau. La cinquième est gravée par Roi.

200 — Œuvres de Collin-d'Harleville, enrichies d'une notice sur sa vie. *Paris, chez Janet et Cotelle, 1821*, 4 vol. in-8, papier vélin, avec un portrait de Méhu, gravé par Dequevauviller, demi-rel., veau antique, non rognés.

On a ajouté à cet exemplaire les gravures in-12 de Choquet, EAUX-FORTES et AVANT LA LETTRE.

201 — Œuvres de Collin d'Harleville, nouvelle édition, ornée de son portrait et enrichie d'une notice sur sa vie. *Paris, Janet et Cotelle, 1821*, 4 vol. in-8, br. Portrait gravé par Dequevauviller.

202 — Œuvres de J.-F. Ducis. *Paris, A. Nepveu, 1826*, 3 vol. in-8, br. Portrait de Ducis, gravé sur acier par Corbould, épreuve sur chine. — Œuvres posthumes de J.-F. Ducis, précédées d'une notice sur sa vie et ses écrits, par M. Campenon. *Paris, A. Nepveu, 1826*, in-8, br.

203 — Essais de Mémoires, ou Lettres sur la vie, le caractère et les écrits de J.-F. Ducis, par M. Campenon. *Paris, Nepveu, 1824*, in-8, br.

204 — NINON DE LENCLOS, comédie en un acte, en vers, suivie de poésies fugitives, par L.-J.-B.-E. Vigée. *Paris, Everat, 1797*, gr. in-8, br., portrait de l'auteur.

Exemplaire en papier vélin.

205 — Œuvres de François-Guillaume-Jean-Stanislas

Andrieux. *Paris, Nepveu*, 1818, 3 vol. in-8, portrait et vignettes de Desenne, br.

206 — Conaxa, ou les Gendres dupés, comédie. *Paris, Michaud*, 1812. — Les Deux Gendres, comédie en cinq actes et en vers, par M. Étienne. *Paris, Lenormant*, 1811. — Mes révélations sur M. Étienne, les Deux Gendres et Conaxa, par M. Lebrun-Tossa. *Paris*, 1812. — Supplément à mes révélations, en réponse à MM. Étienne et Hoffmann, par M. Lebrun-Tossa. *Paris*, 1813. — Fin du procès des Deux-Gendres, ou Histoire philosophique et morale de l'exhumation et de l'apothéose de Conaxa, par M. H. Hoffmann. *Paris*, 1812. — Ens. 5 pièces réunies en un vol. in-8, v. marbr.

207 — Recueil d'écrits de différents genres, en vers et en prose, relatifs à la comédie de *Conaxa* et à celle des *Deux Gendres*, de M. Étienne. Réunion de 22 pièces en un vol. in-8, demi-rel. bas.

Les Deux gendres, comédie en cinq actes et en vers, par M. Étienne, suivie du discours de réception de l'auteur à l'Académie française, 1811.— Coup d'œil impartial sur les Deux gendres, par M. Tiepler, 1812. — Mes révélations sur M. Étienne, les Deux gendres et Conaxa, 1812. — Nouveaux éclaircissements en forme de conversation sur Conaxa et les Deux gendres, 1812. — Réponse à M. Hoffmann ou Dernier examen du procès intenté par le public à M. Étienne, 1812. — Apologie de l'auteur des Deux gendres, dialogue entre ma muse et moi, 1812. — Observations sur le jeune homme qui a écrit la comédie intitulée : Les deux gendres, 1812. — Le fauteuil de M. Étienne. — Bataille gagnée et perdue, tant tués que blessés, personne de mort ou Réflexions impartiales, spirituelles et piquantes sur les Deux gendres et Conaxa, par M. Mordax (Lavigne). — Les gouttes d'Hoffmann, à l'usage des journalistes petits maîtres, par J.-B. Bouret. — Conaxa et les Deux gendres (par Desquiron). — Critique raisonnée de la comédie intitulée : Les Deux gendres. — L'auteur des Deux gendres pris en flagrant délit. — Vives escarmouches avec M. Hoffmann, par M. Mordax (Lavigne). — Appel à l'impartialité dans le procès intenté à l'auteur des Deux gendres. — Petite lettre sur un grand sujet. — Le secret de M. Lebrun Tossa. — Lettre d'Alexis Piron à M. Étienne. — Lettre de Nicolas Boileau à M. Étienne. — Lettre à M. Étienne par un habitant de Bar-sur-Ornain. — Fin du procès des Deux gendres, etc.

Collection qu'il serait presque impossible de réunir aujourd'hui.

208 — MÉMOIRES de Fleury, de la Comédie-Française (1757 à 1820), rédigés sur des notes authentiques, et publiés par J.-B.-P. Lafitte. *Paris, Ambr. Dupont*, 1836-1838, 6 vol. in-8, br.

209 — LES TRÉTEAUX de Charles Monselet. *Paris, Poulet Malassis*, 1839, in-12, br., avec un frontispice dessiné et gravé par Bracquemond.

210 — AMINTA, Favola Boschereccia di Torquato Tasso. *Parigi*, 1813, in-16, en feuilles.

> Exemplaire orné des vignettes de Desenne, noires et en couleurs, *épreuve avant la lettre.*
> Même ouvrage, même édition. Les figures sont noires.

211 — L'AMINTE pastorale du Tasse, imitée en vers français, par Baour de Lormian. *Paris, chez Klostermann*, 1 vol. in-32 en feuilles.

> Exemplaire orné de cinq vignettes de Desenne et la double suite coloriée *avant la lettre.*

212 — PRÉCIS des pièces dramatiques de W. Shakspeare, avec observations et notices, par N.-P. Chaulin. *Paris, J. Pinard*, 1829, in-8, cart., portrait.

213 — BIANCA CAPELLO, roman dramatique, imité de l'allemand, par M. Rauquil Lieutaud. *Paris, Didot l'aîné*, 1790, 2 vol. in-18, pap. de Hollande, cart., n. rognés.

214 — LE FAUST, de Gœthe, traduction revue et complète, précédée d'un essai sur Gœthe, par M. Henri Blaze, édition illustrée par M. Tony Johannot. *Paris, Mich. Lévy fr.*, 1847, gr. in-8, br. (Très-belles épreuves sur chine avec la lettre.)

ROMANS

215 — TRAITÉ de l'origine du roman, par Huet, évêque d'Avranches. *Paris, Desessarts*, an VII, in-12, br. papier de Hollande.

216 — HISTOIRE ou recherches sur l'origine des contes, par Paul Gudin. *Paris*, 1803, 2 vol. in-8, cart., n. rognés.

216 bis. — LONGUS. Les Amours pastorales de Daphnis et Chloé (texte grec). *Paris, P. Didot aîné*, 1802, in-fol., papier vélin.

> Exemplaire en feuilles.
> Un des vingt-sept exemplaires en grand papier ornés des figures de Prud'hon et Girodet AVANT LA LETTRE.

217 — LES AMOURS pastorales de Daphnis et de Chloé, traduites du grec de Longus, par Amyot. *A Paris, imprimé par Pierre Didot l'aîné*, l'an VIII, in-8, br.

> Charmant petit volume en GRAND PAPIER VÉLIN auquel on a ajouté :
> 1º Les cinq gravures in-8 de Monsiau, gravées par Pauquet et Dupreel, *épreuves avant la lettre* ;
> 2º Douze gravures de Moreau, gravées par E. de Ghendt, Simonet, etc., *la plupart avant la lettre* ;
> 3º Six gravures de Desenne (*trois eaux-fortes et trois avant la lettre*) ;
> 4º Quatre petites vignettes remontées, composition de Gessner ;
> 5º Quatre petites photographies coloriées
> 6º Une jolie figure de Boul, gravée par Halbou (page 26) ;
> 7º Un frontispice, gravé par Dupréel, *avant la lettre* (en regard du titre).
> Ces illustrations sont au nombre d'environ quarante pièces.

218 — LES AMOURS pastorales de Daphnis et de Chloé, traduites du grec de Longus, par Amyot. *Paris, P. Didot l'aîné*, 1800, gr. in-4, pap. vélin, cart., n. rogné, 9 fig. avant la lettre, d'après les dessins de Gérard et de Prudhon.

> On a ajouté à cet exemplaire :
> 1º Les six gravures in-8 d'après Gérard et Prudhon, publiées par Janet. *Epreuves avant la lettre* ;

2° La même suite. EAUX-FORTES.

3° Cinquante-trois gravures de Lebarbier AVANT la lettre dont sept EAUX-FORTES pour une édition projetée et qui fut abandonnée.

4° Deux jolis DESSINS DE LEBARBIER, pages 71 et 161.

5° Les Quatre Saisons, d'après Prudhon, dont un tirage spécial de vingt exemplaires a été fait pour ce volume.

6° Un fac-simile, d'après Prudhon, par Schale (page 29).

7° Daphis de Prudhon, gravée par Roger, publiée par Renouard, in-4. Épreuve AVANT LA LETTRE (page 129).

8° Les portraits de Amyot, Prudhon, Gérard, Lebarbier et Didot.

9° En-tête du livre Ier. Daphnis allaité par la chèvre, par Lebarbier.

10° Cloé et la brebis, par Lebarbier.

11° Daphnis tombé dans la fosse.

12° Daphis et Chloé se baignant, par Hersent. ÉPREUVE SUR CHINE AVANT LA LETTRE.

13° Chloé endormie (page 134).

14° Chloé avec le vieux berger, par Gérard. Épreuve avant la lettre.

15° Vingt-cinq gravures diverses.

EXEMPLAIRE UNIQUE. TRÈS-PRÉCIEUX et dans une condition exceptionnelle.

219 — LES PASTORALES de Longus, ou Daphnis et Chloé, traduction complète. *Paris, Firmin-Didot*, 1813, in-8, b., gravures.

Édition donnée par Courier. Exemplaire illustré de quarante jolies gravures ajoutées de Moreau, Prudhon, Gérard, Mousiau, toutes AVANT LA LETTRE et EAUX-FORTES.

220 — LES PASTORALES de Longus, ou Daphnis et Chloé, traduction de Messire Jacques Amyot, publiée par P.-L. Courier. *Paris, Alex Corréard*, 1821, in-8, br.

221 — DAPHNIS ET CHLOÉ, où les pastorales de Longus, traduites du grec par J. Amyot. *Paris, Leclère*, 1863, pet. in-8 en feuilles, papier Hollande.

Édition tirée à petit nombre et ornée de jolies vignettes gravées dans le texte.

222 — LES AMOURS d'Ismène et d'Ismenias (par M. de Beauchamps.) *Paris, de l'Impr. de Guillaume*, 1797, in-4, br.

Exemplaire en GRAND PAPIER entièrement NON ROGNÉ auquel on a ajouté :

Une figure de Marillier, remontée, gravée par H. De Launay.

2° Le Jugement de Pâris, gravé par Stober ;
Et 3° Figure par De Juine, gravé par Larcher. Eau-forte et avant la lettre sur chine.

223 — Histoire éthiopique d'Héliodore, ou les amours de Théagène et Chariclée, traduction d'Amyot, *Paris, Corréard,* 1832, 2 vol. in-8, br.

224 — Livre d'amour, ou folâtreries du vieux temps. *Paris, Louis Janet,* s. d., in-18 en feuilles, fig. coloriées.

Ouvrage orné de six gravures de Garnerey, double suite coloriée rehaussée d'or et terminée.
On a ajouté treize DESSINS ORIGINAUX, par Séb. Leroy, datés de 1817 à 1820.

225 — Histoire et chronique du petit Jehan de Saintré et de la jeune dame des belles cousines, (publiée par Lami Denoyer.) *Paris, Firmin-Didot fr.,* 1830, in-8, cart. non rogné.

Très-bel exemplaire en GRAND PAPIER VÉLIN ; cet ouvrage est orné de cinq vignettes principales, de quatre-vingt-seize initiales, de dix-sept fleurons et de dix encadrements ornés, coloriés et rehaussés d'or.
On y a ajouté une vignette de Desenne sur *chine avant la lettre* et une de Blanchard, gravée par Colin. Épreuve sur *chine avant la lettre* et eau-forte relevée au coloris.

226 — Histoire du petit Jehan de Saintré et de la dame des belles cousines, par M. de Tressan. *A Paris, de l'Impr. de Didot jeune,* 1791, in-18, b., fig. de Moreau.

On a ajouté à cet exemplaire la double suite de Moreau AVANT LA LETTRE (quatre figures).

227 — Histoire de Gérard de Nevers et de la belle Euriant, sa mie, par Tressan. *Paris, Impr. de Didot jeune,* 1792, in-16, papier vélin, br.

Charmante édition ornée de deux figures de Moreau avec la lettre, trois *avant la lettre* et une *eau-forte.*

228 — Les Quatre livres de maistre François Rabelais, publiés par les soins de MM. A. de Montaiglon et Louis

Lacour. *Paris, Impr. de Jouaust,* 1868-1872, 3 vol. in-8, br.

229 — LE MOYEN de parvenir, par Beroalde de Verville. *Paris, L. Willem,* 1872, 2 vol., plus un index in-12, br., vignettes gravées en tête des chapitres.

230 — LETTRES portugaises, nouvelle édition, avec les imitations en vers, par Dorat. *Paris, de l'Impr. de Delance,* 1806, in-8, cart.

230 *bis.* — LES AMOURS de Psyché et de Cupidon, avec le poëme d'Adonis, par Lafontaine. *A Paris, de l'Impr. de Didot le jeune, l'an troisième.* in-4, papier vélin.

Exemplaire en feuilles, sans gravures.

231 — LES AMOURS de Psyché et de Cupidon, avec le poëme d'Adonis, par La Fontaine. *A Paris, chez Saugrain et Didot,* 1797, 2 vol. in-12, papier vélin, figures de Moreau, gravées par Delvaux. Double suite avec la lettre et AVANT LA LETTRE, cart., non rogné.

Outre les figures de l'édition on a ajouté à cet exemplaire le portrait de Mme de Bouillon, épreuve rare, tirée à quatre exemplaires, les figures de Moreau avec et avant la lettre, publiées par Renouard, les figures de Desenne. Eaux-fortes et avant la lettre.

Ces gravures sont détachées et ne forment pas des suites complètes. En tout quarante-une figures.

232 — LES AVENTURES de Télémaque, fils d'Ulysse, par M. de Fénelon. *A Paris, de l'Impr. de Monsieur,* 1790, 2 vol. gr. in-8, demi-rel., bas. rouge, non rogné.

Exemplaire en GRAND PAPIER VÉLIN, mais incomplet de gravures.

233 — LES AVENTURES de Télémaque, par M. de Fénelon. *Paris, de l'Impr. de Didot jeune,* 1790, 2 v. g. in-8, br.

Exemplaire en GRAND PAPIER VÉLIN, orné d'un joli portrait en médaillon sur le titre, gravé par Gaucher.

234 — LES AVENTURES de Télémaque, fils d'Ulysse, par

Fénelon. *Paris, de l'Impr. de Firmin-Didot l'aîné.* 1814,
2 vol. in-8 mar. rouge, dos orné, dent. sur les plats, tr.
dor. (*Thouvenin.*)

TRÈS-BEL EXEMPLAIRE EN PAPIER VÉLIN FORT avec la suite de Moreàu AVANT LA LETTRE sur papier blanc, et trois portraits de Fénelon ajoutés au tome Ier, gravés par Fiquet, Saint-Aubin et Delvaux.

235 — AVENTURES de Télémaque, par Fénelon, avec des
notes géographiques et littéraires. *Paris, Lefèvre,* 1824,
2 vol. gr. in-8, portrait, papier cavalier |vélin, d.-rel.
chagrin rouge, n. rogné.

236 — AVENTURES de Télémaque, par Fénelon. *Paris, Victor Lecou,* 1853, 2 vol. in-8, br., vignettes en tête de
chaque livre.

237 — AVENTURES de Télémaque, suivies des aventures
d'Aristonoüs, par Fénelon, Quatorze gravures à l'eau-
forte, par V. Foulquier. *Tours. Alfr. Mame,* 1873, gr.
in-3, br.

Exemplaire en papier vergé de Hollande.

238 — LE VOYAGE du valon tranquille, nouvelle historique,
par J. Charpentier. *Paris,* 1796, in-16, br.

239 — ŒUVRES choisies de Ch. Perrault, avec les mémoires de l'auteur et des recherches sur les contes des
fées, par M. Collin de Plancy. *Paris, Peytieux,* 1826,
in-8, br., portrait.

240 — CONTES du temps passé, par Ch. Perrault, précédés
d'une notice littéraire sur Ch. Perrault, par M. E. de la
Bédollière, illustrés par MM. Pauquet, Marvy, Jeanron,
Jacque et Beaucé, texte gravé par M. Blanchard. *Paris,
L. Curmer,* 1843, gr. in-8 br.

Exemplaire de PREMIER TIRAGE auquel on a ajouté deux portraits de Ch. Perrault, dont un gravé par Ingouf et cinq gravures de Marillier (belles épreuves) deux pour *Barbe-Bleue,* deux pour le *Petit-Poucet,* et la dernière pour *Peau-d'Ane.*

241 — Les Contes des Fées, en prose et en vers, de Ch. Perrault ; nouvelle édition publiée par Ch. Giraud. *Paris, Impr. impériale*, 1864, pet. in-8 br., vignettes à l'eau-forte.

> On a ajouté à cet exemplaire trois portraits de l'auteur, dont un gravé par Ingouf. Quatre jolies gravures de Marillier, une gravure de Moreau pour Griselidis, *eau-forte et avant la lettre, publié par Renouard*. Treize titres pour les contes, tirés au bistre, plus une lettre autographe du baron Walkénaër adressée à M. Paul Lacroix, sur les contes de Perrault. Quatre pages in-8, datée de 1855.
> Exemplaire en feuilles.

242 — Œuvres du comte Antoine Hamilton. *Paris, Aug. Renouard*, 1812, 3 vol. in-8 br.

> Bel exemplaire en PAPIER VÉLIN.

243 — Le Temple de Gnide, nouvelle édition, avec figures gravées par M. Le Mire. Le texte gravé par Drouet. *Paris, chez Le Mire*, 1772, in-4, titre gravé, frontispice renfermant le portrait de Montesquieu en médaillon, vignette en tête de la dédicace et 9 figures par Eisen, v. éc., fil., tr. dor.

244 — Le Temple de Gnide, suivi d'Arsace et Isménie, par Montesquieu. *Paris, de l'impr. de P. Didot l'aîné*, 1796, in-12 br. en feuilles, titre avec le portrait de Montesquieu, par Saint-Aubin, et 12 figures, dont 10 de Regnault gravées à l'eau-forte par Bertaux.

> On a ajouté à cet exemplaire un portrait et cinq figures de Desenne, avant la lettre.

245 — Histoire de Gil-Blas de Santillane, par Lesage. *A Londres, chez Longman, Hurst*, 1809, 4 vol. grand in-8, papier vélin, cart., non rogné.

246 — Histoire de Gil-Blas de Santillane, par Le Sage, avec des notes historiques et littéraires par M. le comte

François de Neufchâteau. *Paris, Lefèvre*, 1825, 3 vol.
gr. in-8, portrait papier cavalier vélin, cart., non rogné.

— Même ouvrage, même édition.

> Cet exemplaire est dérelié.

247 — LE DIABLE BOITEUX, par Le Sage, illustré par Tony
Johannot, précédé d'une notice sur Le Sage, par M. Jules
Janin. *Paris, Ern. Bourdin*, 1840, gr. in-8 en feuilles,
portrait de Le Sage gravé par Priley.

> On a ajouté à cet exemplaire une gravure de Chasselat, *avant la lettre*,
> deux gravures de Corbould, une gravure de Desenne, *avant la lettre et*
> *eau-forte*, et une gravure de Choquet.

248 — LE DIABLE BOITEUX, par Le Sage. *Paris, D. Jouaust*,
1868, in-8 br.

> On a ajouté deux portraits de Le Sage.

249 — HISTOIRE de Manon Lescaut et du chevalier Des
Grieux, par l'abbé Prevost. *Paris, de l'imprimerie de P.
Didot l'aîné*, 1797, 2 vol. in-18 en feuilles. Portrait.

> Figures de Desenne.

250 — HISTOIRE de Manon Lescaut et du chevalier Des
Grieux, par Prevost. *Paris, Werdet et Lequien*, 1827,
in-8 en feuilles.

> Exemplaire en GRAND PAPIER VÉLIN.

251 — HISTOIRE de Manon Lescaut et du chevalier des
Grieux, par l'abbé Prevost. *Paris, Alph. Leclere*, 1860,
2 vol. in-18 en feuilles.

> Un des cinquante exemplaires sur PAPIER VÉLIN auquel on a ajouté les
> figures de Desenne dont *quelques eaux-fortes*, et les fleurons de l'édition
> Wardet et Lequien, plus deux figures de Marillier.

252 — HISTOIRE de Manon Lescaut et du chevalier des
Grieux, par l'abbé Prevost, édition illustrée par Tony

Johannot, précédée d'une notice historique sur l'auteur, par Jules Janin. *Paris, Ernest Bourdin, s. d.,* gr. in-8.

Exemplaire en feuilles avec la couverture imprimée, et la suite complète de dix-huit gravures hors texte, gravées sur bois d'après Johannot.

253 — Histoire de Manon Lescaut et du chevalier des Grieux, précédée d'une préface par Alex. Dumas fils. *Paris, Glady fr.,* 1875.

Ouvrage orné du portrait de M. Alex. Dumas fils, gravé à l'eau-forte d'après le buste de Carpeaux, et de onze planches dessinées et gravées à l'eau-forte, par Léopold Flameng.

254 — Lettres d'une Péruvienne, par Mme de Graffigny *Paris, de l'impr. de P. Didot l'aîné,* 1797, 2 vol. in-18, brochés.

Exemplaire orné des figures de Lefèvre, *avant la lettre.*

255 — Lettres d'une Péruvienne, par Mme de Graffigny, traduites du français en italien, par M. Déodat. *Paris, de l'imprimerie de Migneret,* 1797, gr. in-8 en feuilles. Portrait et figures.

Bel exemplaire en GRAND PAPIER VÉLIN FORT, avec la suite des belles figures de Lebarbier *avant* et avec *la lettre.*

256 — Œuvres complètes de Mesdames de La Fayette, de Tencin et des Fontaines, précédées de notices historiques et littéraires, par MM. Etienne et A. Jay. *Paris, Moutardier,* 1825, 5 vol. in-8 br. Portraits.

257 — Œuvres complètes de Mme Cottin, publiées pour la première fois en un seul corps d'ouvrage, avec une notice sur la vie et les écrits de l'auteur (par Petitot). *De l'imprimerie de Lebel, à Versailles. Paris, Foucault,* 1817, 5 vol. in-8. Portrait et figures cart., non rogn.

Un des douze exemplaires sur PAPIER VÉLIN auquel on a ajouté, outre les gravure de l'édition, la suite de Devéria, épreuves à *l'eau-forte* et la double suite *sur chine, avant la lettre,* plus quelques gravures détachées de Westall, etc.

258 — Œuvres de Mme Elie de Beaumont, de Mme de Genlis, de Fievée et de Mme de Duras. *Paris, Garnier fr.,*
1865, in-8 br.

Ouvrage orné de gravures sur acier, de G. Staal.

259 — Œuvres de Mme de Souza. *Paris, Garnier fr.,*
1865, in-8 br. Gravures sur acier d'après les dessins de
G. Staal.

260—Œuvres de Mme Riccoboni. *Paris, Garnier fr.,* 1865,
gr. in-8 br. Gravures sur acier d'après les dessins de G.
Staal.

261 — LES CONFESSIONS du comte de ***, suivies de l'Histoire de Mme de Luz, et d'Acajou et Zirphile, par Duclos.
Paris, Janet et Cotelle, 1824, in-8 br.

262 — ACAJOU ET ZIRPHILE, conte (par Duclos). *A Minutie,*
1744, in-4, v. marbr.

Ouvrage orné de neuf figures, par Boucher, gravées par Chedel, un
fleuron sur le titre, gravé par Cochin fils, et une vignette au commencement du conte, gravé par le même.

263 — L'INNOCENCE du premier âge en France, ou Histoire amoureuse de Pierre Lelong et de Blanche Bazu,
suivie de la Rose, ou la Fête de Salency (par Billardon
de Sauvigny). *Paris, chez Ruault,* 1778, in-8. Vignettes
et figures, v. fauve antique, fil.

La figure servant de frontispice *à la Rose ou la Fête de Salency,* est
gravée par Moreau, d'après J.-B. Greuze.

264 — LES TÊTES FOLLES. *A Londres, et se trouve à Paris,*
1752, in-12. Frontispice gravé, n. sig.

265 — VOYAGE de Paris à Saint-Cloud par mer, et retour
de Saint-Cloud à Paris par terre. *Paris, E. Maillet,* 1865,
in-12 br., cart.

Réimpression faite sur le texte de l'édition de 1754.

14

266 — Œuvres du comte de Tressan, précédées d'une notice sur sa vie et ses ouvrages, par M. Campenon. *Paris, Nepveu (impr. de Didot)*, 1823, 10 vol. gr. in-8 br.

Bel exemplaire en GRAND PAPIER VÉLIN.

267 — La Religieuse, par Diderot, nouvelle édition ornée de figures, et où l'on trouve une conclusion. *Paris, Deroy, Moller et Mongie*, an VII, 2 tomes en 1 vol. in-8, papier vélin, v. gran., dent., tr. dor.

Ouvrage orné d'un portrait de Diderot, gravé par Dupréel, et quatre gravures de Lebarbier *avant la lettre*.

268 — Estelle, roman pastoral par M. de Florian. *A Paris, de l'imprimerie de Monsieur*, 1788, in-8 br., papier vélin fin.

269 — Les Amours du chevalier de Faublas, par Louvet de Couvray. *Paris, Ambroise Tardieu*, 1825, 2 vol. in-8 br.

270 — Les Aventures du chevalier de Faublas, par Louvet de Couvray, édition illustrée de 300 dessins par MM. Baron, Français et G. Nanteuil, précédées d'une notice sur l'auteur, par V. Philipon de la Madeleine. *Paris, J. Mallet*, 1842, 2 vol. gr. in-8 br. Vignettes sur bois.

271 — Les Liaisons dangereuses, par C*** de L** (Choderlos de Laclos). *Londres*, 1796, 2 vol. in-8, jolie demi-rel. mar. rouge avec coins, dos orné, point., fil. doré en tête, rogné (*David.*)

Très-bel exemplaire en papier vélin, figures AVANT LA LETTRE et les EAUX-FORTES.

Est ajouté à cet exemplaire la suite de Lebarbier, AVANT LA LETTRE et les EAUX-FORTES.

La suite de Devéria, AVANT LA LETTRE, plus deux doubles avant la lettre, chine.

Quatre sujets séparés.

Un joli dessin de Chaillou. Tome IIe, page 51.

En tout soixante-une pièces.

272 — JOSEPH, par M. Bitaubé. *Paris, de l'Imprimerie de Didot l'aîné*, 1786, pet. in-8 cart., non rogné.

Exemplaire en PAPIER VÉLIN orné d'un portrait de Bitaubé, gravé par Saint-Aubin, et neuf figures de Marillier.
On a ajouté la *même suite avant la lettre* (il manque cependant celle du chant IVe), et douze figures in-8, par Eisen, Marmet et Marillier.

273 — PAUL ET VIRGINIE, suivi de la Chaumière indienne, par Jacq.-Henri Bernardin de Saint-Pierre. *Paris, Méquignon-Marvis*, 1822, in-8 br. papier vélin.

Édition publiée par L.-Aimé Martin; cet ouvrage est formé d'un titre gravé et de quatre gravures de Desenne sur CHINE et AVANT LA LETTRE.

274 — PAUL ET VIRGINIE, suivi de la Chaumière indienne, par Jacques-Henri Bernardin de Saint-Pierre. *Paris, Louis Janet, s. d.*, gr. in-18 cart., non rogné.

Ouvrage orné d'un titre gravé, du portrait de l'auteur et de cinq jolies gravures de Desenne. *Epreuve avant la lettre sur chine.*
Quatre de ces sujets sont pour Paul, et le cinquième pour la Chaumière indienne.
Exemplaire préparé pour la reliure.

275 — PAUL ET VIRGINIE, par Bernardin de Saint-Pierre, suivi de la Chaumière indienne. *Paris, Lefèvre*, 1828, in-12 en feuilles.

276 — PAUL ET VIRGINIE et la Chaumière indienne, par J.-H. Bernardin de Saint-Pierre. *Paris, L. Curmer*, 1838, gr. in-18 en feuilles, nombr. vignettes interc. dans le texte.

Il manque à cet exemplaire toutes les gravures hors texte.

277 — MADEMOISELLE DE CLERMONT, par Mme de Genlis. *Paris, Jules Tardieu*, 1861, in-18, figures, jolie demi-rel. avec coins mar. vert clair, fil. doré en tête, non rogné. (David.)

Exemplaire en PAPIER DE HOLLANDE, tiré à très-petit nombre, avec les six fleurons doubles (tirage à part).

On a de plus ajouté à cet exemplaire :
1º Les quatre vignettes de Desenne AVANT LA LETTRE;
2º Les mêmes, EAUX-FORTES;
3º Les mêmes, COLORIÉES;
4º Deux vignettes de Desenne pour l'édition Verdet;
5º Quinze vignettes anglaises et françaises;
6º Un portrait de Mme de Genlis.
En tout quarante-deux pièces.

278 — LE DIABLE AMOUREUX, roman fantastique, par J. Cazotte, précédé de sa vie, de son procès et de ses prophéties et relations, par Gérard de Nerval. *Paris, L. Ganivet*, 1845, in-8 br. illustré de 200 dessins par Ed. de Beaumont.

Quatre gravures de Marillier sont ajoutées à cet exemplaire.

279 — LES CONTES en vers et en prose de feu l'abbé de Colibri, ou le Soupé, conte. *Paris, de l'impr. de Didot jeune*, l'an VI, 2 vol. in-18 br.

280 — CORINNE, ou l'Italie, par Mme la baronne de Staël. *Paris, Victor Lecou*, 1853, gr. in-8 br. Grav. sur bois.

281 — OURIKA, par Mme la duchesse de Duras, née de Kersaint. *S. l. n. d., Paris, de l'Impr. royale*, 1824, in-12 cart. de 108 pages.

Cette édition n'a été tirée qu'à quarante exemplaires.

282 — ŒUVRES d'Adrien de Sarrazin. *Paris, Urb. Canel*, 1825, beau vol. in-18 br., figures de Devéria.

Bardone ou le pâtre du mont Taurus. — Le Caravansérail, deux volumes. — Contes nouveaux et Nouvelles nouvelles, trois volumes.

283 — DÉCAMÉRON français, nouvelles historiques et contes moraux, par M. Lombard de Langres. *Paris, Sellique et Ch. Bechet*, 1828, 2 vol. in-8 br.

284 — ATALA, René, les Aventures du dernier Abencerage, par M. le vicomte de Chateaubriand. *Paris, Lefèvre et Ladvocat*, 1830, gr. in-8 br.

285 — Les Métamorphoses du jour, ou La Fontaine en 1831, par Eugène Desmares. *Paris, Delaunay,* 1831, 2 vol. in-8 br.

Ouvrage orné de vignettes dessinées par Henri Monnier et gravées par Thompson.

286 — La Peau de chagrin, études sociales par Balzac. *Paris, N. Delloye et Victor Lecou,* 1838, gr. in-8, papier fort, vignettes gravées.

Portrait de Balzac ajouté et quelques tirages à part, sur chine, des vignettes.

287 — L'Ane Mort, par Jules Janin, édition illustrée par Tony Johannot. *Paris, Ern. Bourdin,* 1842, gr. in-8 br.

Portrait ajouté de Jules Janin, sur chine, publié par Suireau, et vignettes sur chine.

288 — Victor Hugo. — Notre-Dame de Paris, édition illustrée d'après les dessins de MM. E. de Beaumont, L. Boulanger, Daubigny, T. Johannot, de Lemud, etc. *Paris, Perrotin,* 1844, gr. in-8 br.

289 — Contes de Charles Nodier. *Paris, J. Hetzel,* 1846, gr. in-8 br. Eaux-fortes sur chine par Tony Johannot.

On a ajouté à cet exemplaire cinq portraits de Ch. Nodier, d'après David, Em. Lassalle, A. Riffaut, etc.

290 — Polichinel, ex-roi des Marionnettes, devenu philosophe, par Lorentz. *Paris, Willermy,* 1848, in-8 br., vignettes sur bois.

291 — Raphael, pages de la vingtième année, par A. de Lamartine. *Paris, Perrotin,* 1849, in-8 br.

Exemplaire en GRAND PAPIER DE HOLLANDE.

292 — Les Contes drolatiques, colligez ez abbayes de Touraine et mis en lumière par le sieur de Balzac, cinquiesme

édition illustrée de 425 dessins, par Gustave Doré. *Paris,*
1855, gr. in-12 br. Figures.

Premier tirage des figures de Gustave Doré.

293 — LE TREIZIÈME arrondissement de Paris, par Louis
Lurine, *Paris, F. Lamiche,* 1850, in-8 br., vignettes sur
bois.

294 — FIOR D'ALIZA, par A. de Lamartine. *Paris, E.*
Dentu, 1863, in-8 br.

295 — B. SAINTINE. — Picciola. *Paris, J. Hetzel,* s. d.,
in-8 br., gravures à l'eau-forte, par Flameng.

296 — ALFRED DELVAU. — Les Heures parisiennes. *Paris*
(Lemer), 1866, in-12 br.

Exemplaire en GRAND PAPIER DE HOLLANDE, ouvrage orné de vingt-
cinq eaux-fortes d'Emile Benassit.

297 — THE LIFE and exploits of the ingenious gentleman
Don Quixote de la Mancha, translated from the original
Spanish of Miguel de Cervantes Saavedra, by Charles Jar-
vis. *London,* 4 vol. in-18 cart.

298 — L'INGÉNIEUX Chevalier Don Quichotte de la Manche.
Paris, Th. Desoer, 1821, 4 vol. in-16, demi-rel. avec
coins, v. citr., *non rognés.*

299 — GALATÉE, roman pastoral imité de Cervantes, par
M. de Florian. *A Paris, de l'impr. de Didot l'aîné,* 1784,
pet. in-8 br. papier vélin.

On a ajouté à cet exemplaire un très-joli portrait de Cervantes, par Queverdo, gravé par Gaucher.

300 — MES PRISONS, suivi des Devoirs des hommes, par
Silvio Pellico ; traduction nouvelle par le comte H. de
Mersey. *Paris, N.-L. Delloye,* 1844, gr. in-8 en feuilles.

Très-belle édition ornée de vignettes gravées dans le texte, d'après les
dessins de MM. Gérard, Seguier, d'Aubigny, Steinheil, etc.

301 — TOM JONES, ou Histoire d'un enfant trouvé, par Fielding, traduction nouvelle. *Paris, Firmin Didot fr.,* 1833, 4 vol. in-8 br.

Ouvrage orné des gravures de Moreau sur chine.
Epreuves AVANT LA LETTRE.

302 — LA VIE et les Aventures de Robinson Crusoé, par Daniel de Foé. *Paris, chez la veuve Panckoucke,* an VIII, 3 vol. in-8, figures de Stothart. cart., non rogn.

Exemplaire en GRAND PAPIER VÉLIN FORT.

303 — VOYAGES de Gulliver dans des contrées lointaines, par Swift, édition illustrée par Grandville. *Paris, Fournier et Furne,* 1838, 2 vol. in-8 br. Figures.

Bel exemplaire du premier tirage des figures de Grandville.

304 — VOYAGES de Gulliver. *Paris, Alph. Leclère,* 1860, 2 tomes en 4 vol., pet. in-12 br. avec quelques gravures ajoutées.

305 — HISTOIRE de Rasselas, prince d'Abyssinie, par Samuel Johnson; traduction nouvelle et posthume, avec le texte en regard, par Mme *** (de Fresne). *Paris, Baudry,* 1832, in-8 br. Portrait.

306 — LE VICAIRE de Wakefield, par Goldsmith, traduit en français, avec le texte en regard, par Ch. Nodier. *Paris, Bourguebret,* 1838, gr. in-8 br. papier vélin.

Ouvrage orné de figures sur bois et dix sur acier avant la lettre, d'après Tony Johannot.

307 — STERNE. — Voyage sentimental, traduction nouvelle, par M. Jules Janin, édition illustrée par MM. Tony Johannot et Jacques. *Paris, Ern. Bourdin, s. d.,* gr. in-8 cart., papier vélin.

On a ajouté à cet exemplaire trois gravures in-4 de Monsiau, ancien tirage.

308 — Voyage sentimental de Sterne, suivi des Lettres d'Yorick à Élisa, traduction nouvelle par Paulin Crassous, *Paris, P. Didot,* 1801, 3 vol. in-16 br. et 3 portraits ajoutés.

309 — Contes fantastiques de Hoffmann, traduction nouvelle, précédés de souvenirs intimes sur la vie de l'auteur, par P. Christian. *Paris, Morizot,* 1861, gr. in-8 br. illustré par Gavarni.

On a ajouté à cet exemplaire trois gravures de C. Rogier et un portrait de Hoffmann, gravé par Geoffroy en 1840.

310 — Werther, traduit de l'allemand par M. L. de Sevelinges. *Paris, impr. de G. Dentu,* 1825, in-16 br., 4 gravures de Berthon.

311 — Les Souffrances du jeune Werther, par Goethe, traduites par le comte Henri de la B..... *Paris, de l'impr. de Crapelet,* 1845, in-8 br., papier vélin fort. Gravure sur chine avant la lettre.

312 — Œuvres de Salomon Gessner. *Paris, Ant.-Aug. Renouard (de l'impr. de Crapelet),* an VII, 4 vol. in-8 brochés.

Exemplaire en PAPIER VÉLIN FORT.

313 — Les Mille et une Nuits, contes arabes, traduits en français par Galland, précédés d'une notice historique sur Galland, par M. Ch. Nodier. *Paris, Galliot,* 1822-26, 6 vol. in-8 br.

Exemplaire en GRAND PAPIER VELIN avec un portrait de Ch. Nodier ajouté, gravé par A. Riffaut et publié par l'artiste, et six gravures de Westall, *sur chine avant la lettre.*
Très-belle édition imprimée par Crapelet.

314 — Contes inédits des Mille et une Nuits, extraits de l'original arabe par M. J. de Hammer, traduits en fran-

çais par M. G.-S. Trébutien. *Paris, Dondey-Dupré,* 1828, 3 vol. in-8 br.

Exemplaire en GRAND PAPIER VELIN.

315 — LES MILLE ET UN JOURS, contes orientaux, traduits du turc, du persan et de l'arabe, par Petis de la Croix, Galland, Cardonne, Chawis et Cazotte, avec une notice par M. Collin de Plancy. *Paris, Rapilly,* 1826, 5 vol. in-8 brochés.

316 — LES CONTES des Génies, ou les Charmantes Leçons d'Horam, fils d'Asmar, ouvrage traduit du persan en anglais par sir Ch. Morel (Jacq. Ridley), et en français sur la traduction anglaise (par Robinet). *Amsterdam, chez Marc-Michel Rey,* 1766, 3 vol. in-12 br. et rel. (Tomes I et II br.; le tome III relié en veau marbr.).

317 — CONTES du Cheykh El-Mohdy, traduits de l'arabe d'après le manuscrit original par J.-J. Marcel. *Paris, Henry Dupuy,* 1835, 3 vol. in-8 br. Vignettes gravées sur bois.

4° EPISTOLAIRES ET POLYGRAPHES.

318 — LETTRES de Mademoiselle Aïssé à Madame Calandrini, publiées par J. Ravenel, avec une notice par M. Sainte-Beuve. *Paris, Gerdès et Lecou,* 1846, in-12 br. Portrait gravé par Léguay, frontispice.

Exemplaire en papier de Hollande avec un frontispice ajouté, gravé par Cochin. *Épreuve ancienne.*

319 — CORRESPONDANCE entre Boileau-Despréaux et Brossette, publiée par Aug. Laverdet, introduction par M. Jules Janin. *Paris, J. Techener,* 1858, in-8 br. papier vélin.

320 — Lettres choisies de Mme de Sévigné, avec une notice par M. Poujoulat. *Tours, Alfr. Mame*, 1871, gr. in-8 br.

Exemplaire en PAPIER DE HOLLANDE orné de dix-huit vignettes, gravé à l'eau-forte par V. Foulquier.

321 — Lettres choisies de Mme de Sévigné, avec une notice par M. Poujoulat. *Tours, Alfr. Mame*, 1871, gr. in-8 br.

Exemplaire en *papier de Hollande* orné de dix-huit vignettes, gravées à l'eau-forte par V. Foulquier.

On y a ajouté : Le portrait du maréchal de Vauban, *gravé par Voyez;* celui de Mme de Sévigné, *gravé par Dequevauviller;* Françoise de Chantal, *gravé par Vacon;* Mme de Grignon, *gravé par Dien, épreuve sur chine avant la lettre;* Lafontaine, *par Devéria, gravé par Muller, épreuve sur chine avant la lettre;* Charles de Sévigné, *par Devéria, chine avant la lettre;* Pascal, *gravé par Hopwood;* Louis XIV, *par Devéria, chine avant la lettre;* Racine, *gravé sur acier par Pollet;* Nic. Fouquet, *gravé par Roger;* Mlle de Montpensier, *par Alfr. Johannot, gravé par Sixdeniers;* Mme de La Vallière, *gravé par le même;* Molière, *par Devéria, sur chine avant la lettre;* P. Corneille, *par Devéria, chine avant la lettre;* Racine, *gravé par Bertonnier, chine avant la lettre;* Anne de Gonzague, *gravé par Bertonnier;* La Rochefoucauld, *gravé par Saint-Aubin;* Henriette d'Angleterre, *gravé par Bouchardy;* Mme de Grignon, *gravé par Allaïs;* le maréchal de Luxembourg, *gravé par Vangelifti;* Mme de Montespan, *gravé par Sixdeniers;* Mme de Sévigné, *gravé par Mottet;* Montaigne, *gravé par Dupont, avant la lettre;* le même, *gravé par Bertonnier, épreuve avant la lettre;* Mlle de Fontanges, *gravé par Geoffroy;* la marquise de Maintenon, *gravé par Forssell;* Bossuet, *gravé par Roger, épreuve avant la lettre,* etc.

Exemplaire contenant environ quarante-deux portraits ajoutés.

322 — Lettres de Mme de Sévigné, de sa famille et de ses amis, recueillies et annotées par M. Monmerqué. *Paris, L. Hachette*, 1862-1875, 14 vol. gr. in-8 br. Appendice aux tomes XI et XII, et album.

Exemplaire en GRAND PAPIER VÉLIN FORT.

323 — Lettres inédites de Mme de Sévigné, publiées pour la première fois, annotées et précédées d'une introduction par Ch. Capmas. *Paris, Hachette*, 1876, 2 vol. in-8 br.

Exemplaire en GRAND PAPIER VÉLIN FORT.

324 — Histoire de Mme de Sévigné, de sa famille et de ses amis, suivie d'une notice historique sur la maison de

Grignon, par J.-Ad. Aubenas. *Paris, P. Dufort*, 1842, in-8 br.

325 — CORRESPONDANCE complète de Madame, duchesse d'Orléans, traduction nouvelle par M. G. Brunet. *Paris, Charpentier*, 1864, 2 vol. in-12 br.

326 — CORRESPONDANCE littéraire inédite de Louis Racine avec René Chevaye, de Nantes, de 1843 à 1757, précédée de notices historiques sur chacun d'eux, par M. Dugast-Matifeux. *Paris, L. Potier*, 1858, in-8 br. de 93 pages, papier de Hollande.

327 — CORRESPONDANCE complète de la marquise du Deffand, publiée par M. de Lescure. *Paris, Henri Plon*, 1865, 2 vol. in-8 br. 2 portraits gravés par Adrien Nargeot.

328 — CORRESPONDANCE complète de Mme du Deffand, publiée avec une introduction, par M. le marquis de Saint-Aulaire. *Paris, Mich. Lévy fr.*, 1867, 3 vol. in-8 br., papier vélin.

329 — LETTRES de Mlle de Lespinasse, avec une notice biographique par Jules Janin. *Paris, Amyot, s. d.*, in-12 br.

330 — CORRESPONDANCE inédite de Collé, publiée avec une introduction et des notes par Honoré Bonhomme. *Paris, H. Plon*, 1864, in-8 br. Portrait.

331 — ŒUVRES de La Fontaine, nouvelle édition, revue, mise en ordre et accompagnée de notes par C.-A. Walckenaer. *Paris, Lefèvre*, 1827, 6 vol. gr. in-8 br. Portrait.

Exemplaire en papier cavalier vélin

332. — Nouvelles Œuvres diverses de J. La Fontaine, et poésies de F. de Maucroix, accompagnées d'une Vie de F. de Maucroix, de notes et d'éclaircissements par C.-A. Walckenaer. *Paris, A. Nepveu*, 1829, in-8 br. Gravure.

333 — Supplément aux Œuvres de La Fontaine, nouvelle édition, revue, mise en ordre, et accompagnée de notes par C.-A. Walckenaer. *Paris, Lefèvre*, gr. in-8 br. papier de Hollande.

334 — Œuvres diverses de Fénelon. *Paris, Lefèvre*, 1824, gr. in-8 papier cavalier vélin, demi-rel. avec coins, veau rouge, non rogné.

335 — Œuvres de Montesquieu, avec les notes de tous les commentateurs, édition publiée par L. Parrelle. *Paris, Lefèvre*, 1826, 8 vol. gr. in-8 br. Portrait.

Exemplaire en papier cavalier vélin.

336 — Œuvres complètes de J.-J. Rousseau, avec des éclaircissements et des notes historiques par P.-R. Auguis. *Paris, Dalibon*, 1825, 27 vol. in-8 cart. non rognés.

Un des dix exemplaires en GRAND PAPIER DE HOLLANDE.

337 — Œuvres inédites de J.-J. Rousseau, publiées par V.-D. Musset-Pathay. *Paris, Peytieux*, 1025, 2 vol. in-8 brochés.

338 — Œuvres choisies d'Alexis Piron, précédées d'une notice historique sur sa vie. *Paris, Haut-Cœur et Gayet*, 1823, 2 vol. in-8 br.

Exemplaire en grand papier vélin fort, auquel on a ajouté deux portraits de Piron, épreuves sur chine avant la lettre, gravées par Bertonnier et Scriven.

339 — Œuvres complètes de Boufflers, de l'Académie française. *Paris, Furne*, 1827, 2 vol. in-8 br.

340 — ŒUVRES posthumes de Marmontel. *Paris, Verdière*, 1820, in-8 br. Figures.

341 — ŒUVRES choisies d'Antoine-Pierre-Augustin de Piis. *Paris*, 1810, 4 vol. in-8 br.

> Poëmes. — Théâtres. — Mélanges. — Chansons.

342 — ŒUVRES complètes de Pierre-Augustin Caron de Beaumarchais. *A Paris, chez Léopold Collin*, 1809, 7 vol. in-8 cart., non rognés.

> Edition ornée de vingt-six gravures au trait, dont un portrait.

343 — CONTES, Lettres et Pensées de l'abbé Galiani, avec introduction et notes par Paul Ristelhuber. *Paris, (Jouaust)*, 1866, in-16 br.

344 — ŒUVRES de M. J. Chenier, précédées d'une notice historique, par M. Arnault. *Paris, Guillaume*, 1826, 10 vol., gr. in-8, br.

> Exemplaire en GRAND PAPIER VÉLIN.

345 — ŒUVRES diverses de J. H. M. De Guerle. *Paris, Delangle fr.*, 1829, in-8, br.

> Exemplaire en GRAND PAPIER VÉLIN FORT.

346 — LES ŒUVRES de Madame Desbordes Valmore. *Paris A. Boulland*, 1830, 2 vol. in-8, br. Gravures sur chine de Henry Monnier et Tonny Johannot.

347 — ŒUVRES complètes de Alfred de Musset. *Paris, Charpentier*, 1866, 10 vol. gr. in-8, br.

> Exemplaire en GRAND PAPIER DE HOLLANDE avec les gravures de Bida sur CHINE AVANT LA LETTRE, le fascicule appendice et une étude critique et bibliographique des œuvres publiées par l'éditeur Pincebourde.

348 — ŒUVRES complètes de Alfred de Musset, ornées de dessins de M. Bida et d'un portrait de l'auteur. *Paris, Charpentier*, 1867, ouvrage en feuille. 11 livr. gr. in-8, br.; texte à deux col., 28 gravures sur acier.

349 — L**A** P**LÉÏADE**, Ballades, Fabliaux, Nouvelles et Lé-
gendes. *Paris. L. Curmer*, 1842, pet. in-8, br. Figures.

Ouvrage orné de soixante-quinze eaux-fortes et gravures sur bois.

350 — C**OLLECTION** de petits classiques français dédiés à
L. A. R. Madame la Duchesse de Berry, publiés par Ch.
Nodier et H. Delangle. *Paris, impr. de Jules Didot
aîné*, 1825-28, 9 vol. in-18, br.

Œuvres choisies de Senèce. — Madrigaux de M. de La Sablière. —
Relation des campagnes de Rocroy et de Fribourg, par Henri de Bessé,
sieur de La Chapelle-Milon. — Voyage de Chapelle et de Bachaumont.—
Conjuration du comte de Fiesque, par le cardinal de Retz. — Diverses
poésies du chevalier d'Aceilly. — Œuvres choisies de Sarrazin. — La
guirlande de Julie, par M. de Montausier. — Poésies de Mme Eveline
Desarmery.

On a joint à cette collection les poésies de Charles Nodier, petit volume
in-18 broché, publié en 1829.

HISTOIRE

351 — D**ISCOURS** sur l'Histoire universelle, par Bossuet.
Paris, Lefevre, 1825, 2 vol. gr. in-8, papier cavalier
vélin, cart., non rognés.

352 — D**ISCOURS** sur l'Histoire universelle, par J.-B. Bossuet, évêque de Meaux, précédé d'une notice littéraire,
par M. Tissot. *Paris, L. Curmer*, 1840, 2 vol. gr. in-8,
brochés.

Exemplaire en PAPIER VÉLIN, texte encadré de divers ornements avec
un beau portrait de Bossuet en pied, par Pigeot, onze très-belles gravures sur acier *avant la lettre*, et un titre en or et en couleur.

353 — D**ISCOURS** sur l'Histoire universelle, par Bossuet,
avec une préface, par M. Poujoulat. *Tours, Alfred
Mame et fils*, 1870, gr. in-8, br.

Exemplaire en PAPIER DE HOLLANDE, orné de vignettes gravées à
l'eau-forte par V. Foulquier.

354 — Voyage d'Anacharsis en Grèce, vers le milieu du IVe siècle avant l'ère vulgaire, par J.-J. Barthélemy. *Paris, A. Lequien, 1822, 7 vol. gr. in-8, br. Portrait avant la lettre. Atlas in-4 obl.*

Exemplaire en GRAND PAPIER VÉLIN FORT.

355 — Travelling sketches in the north of Italy, the Tyrol and on the Rhine, with twenty six beautifully finished engravings, from drawings by Clarkson Stanfield, esq. by Leitch Ritchie. esq. *London, 1832, in-8, mar. rouge, tr. dor. (Reliure anglaise.)*

356 — Journal d'un voyage en Savoie et dans le midi de la France, par L.-C. Henri de La Bédoyère. *Paris, Crapelet, 1849, in-8, br. Gravure.*

Exemplaire en GRAND PAPIER VÉLIN FORT avec un frontispice de Moreau, gravé par De Villiers frères, AVANT LA LETTRE.

357 — Chroniques de France, par Mme Amable Tastu. *Paris, Delangle fr., 1829, in-8, br.*

358 — Œuvres de Jean Sire de Joinville, comprenant : l'Histoire de saint Louis, le Credo et la Lettre à Louis X, avec un texte rapproché de français moderne mis en regard du texte original, par M. Natalis de Vailly. *Paris, Adr. Le Clere, 1867, gr. in-8, br. Figures.*

On a ajouté à cet exemplaire un joli fleuron, gravé par P. Choffard, en 1772, et un portrait de saint Louis, gravé par Dequevauviller, épreuve sur chine.

359 — Curiosités historiques sur Louis XIII, Louis XIV, Louis XV, Mme de Pompadour, Mme Du Barry, etc., par J.-A. Le Roi. *Paris, Henri Plon, 1864, in-8, br.*

360 — Rois, Reines et Princes de la maison des Bourbons, depuis Henri IV jusqu'à nos jours. Galerie de portraits.

Paris, de l'impr. A. Firm. Didot, 1829, plaq. in-8, cart.
29 portraits sur acier, par Roger.

361 — La Jeunesse de Mme de Longueville, par Victor
Cousin. *Paris, Didier*, 1853, in-8, br.

> Exemplaire en grand papier de Hollande auquel on a ajouté quelques
> portraits.

362 — Les Nièces de Mazarin, études de mœurs et de caractères au XVIIe siècle, par Amédée Rénée. *Paris, Firm
Didot fr.*, 1856, in-8, br.

363 — Mémoires de Fléchier sur les grands jours d'Auvergne en 1665. *Paris, L. Hachette*, 1856, in-8, br.,
papier vélin fort.

> Un des cent exemplaires en GRAND PAPIER avec un portrait ajouté de
> Fléchier, sur chine, gravé par Hopwood.

364 — Histoire amoureuse des Gaules, par le comte de
Bussy Rabutin, suivie de la France galante, édition nouvelle, publiée par Aug. Poitevin. *Paris, Ad. Delahays*,
1857, 2 vol. in-12, br.

365 — Mémoires complets et authentiques du duc de Saint-
Simon, sur le siècle de Louis XIV et la Régence. *Paris,
L. Hachette*, 1856-58, 20 vol. in-8, br.

366 — Les Historiettes de Tallemant des Reaux, troisième
édition publiée par MM. De Monnerqué et Paulin Paris.
Paris, J. Techener, 1854-56, 9 vol. gr. in-8, br.

> Très-bel exemplaire en GRAND PAPIER DE HOLLANDE.

367 — Le Comte de Clermont, sa cour et sa maîtresse.
Lettres familières, recherches et documents inédits publiés par Jules Cousin. *Paris, impr. de Jouaust*, 1867,
2 vol. in-12, br. carré. Portrait.

368 — Souvenirs de Mme de Caylus, nouvelle édition avec

une Introduction et des notes, par M. Ch. Asselineau.
Paris, J. Techener, 1860, in-12, br.

369 — Mémoires de la marquise de Courcelles et sa correspondance, précédés d'une histoire de sa vie et de son
procès. *Paris, impr. Jouaust,* 1869, in-8, br.

370 — Mémoires, fragments, historiques et correspondances de Mme la duchesse d'Orléans, princesse Palatine,
mère du Régent, par M. Philippe Busoni. *Paris, Paulin,*
1833, in-8, br.

371 — Chronique de la Régence et du règne de Louis XV
(1718-1763), ou Journal de Barbier. *Paris, Charpentier,*
1861, 4 vol. in-12, br.

372 — Les Filles du Régent, par Édouard de Barthélemy.
Paris, Firm. Didot, fr., 1874, 2 vol. in-8, br.

Etudes historiques sur la duchesse de Berry. — L'abbesse de Chelles.
— La princesse de Modène. — La reine d'Espagne. — La princesse de
Conti et Mlle de Beaujolais.

373 — Les Maîtresses du Régent, études d'histoire et de
mœurs sur le commencement du xviiie siècle, par M. de
Lescure. *Paris, E. Dentu,* 1861, in-12, br.

374 — Journal et Mémoires de Mathieu Marais, avocat au
parlement de Paris sur la Régence et le règne de Louis XV,
publiés par M. De Lescure. *Paris, Firm. Didot fr.,* 1863,
4 vol. in-8, br.

375 — Les Maîtresses de Louis XV, par Edm. et Jules de
Goncourt. *Paris, Firm. Didot fr.,* 1860, 2 vol. in-8, br.

376 — Mémoires de la duchesse de Brancas sur Louis XV
et Mme de Chateauroux, publiés par Louis Lacour. *Paris,*
Jouaust, 1865, pet. in-16, br.

Edition de luxe tirée à petit nombre.

377 — Mémoires de Mme d'Épinay, édition nouvelle et complète avec des additions, des notes et des éclaircissements inédits, par M. Paul Boiteau. *Paris, Charpentier,* 1863, 2 vol. in-8, br.

378 — Correspondance inédite de Collé, faisant suite à son journal, publié par Honoré Bonhomme. *Paris, H. Plon,* 1864, in-8, br. Portrait de Collé, gr. par Chardon.

379 — Journal et Mémoires de Ch. Collé, édition avec introduction et des notes, par Honoré Bonhomme. *Paris, Firm. Didot fr.,* 1868, 3 vol. in-8, br.

380 — Histoire de la Révolution française, par A. Thiers. *Paris, Furne,* 1843, 10 vol. in-8 en feuille.

381 — Histoire de la Révolution française, par A. Thiers. *Paris, Furne-Jouvet,* 1866, 10 vol. gr. in-8, br.

Exemplaire en GRAND PAPIER DE HOLLANDE.

382 — Charlotte de Corday, essai historique offrant enfin des détails authentiques sur la personne et l'attentat de cette héroïne, avec pièces justificatives, par M. Louis Dubois. *Paris, Techener,* 1838, in-8, br. Portraits.

383 — Charlotte Corday et Mme Roland, par Mme Louise Colet. *Paris, Berquet et Petion,* 1842, in-8, br. Portrait de Charlotte Corday et fac-simile.

Envoi autographe signé de Mme Louise Colet.

384 — Dossiers du procès de Charlotte de Corday devant le tribunal révolutionnaire. Extrait des archives impériales et publiés par Ch. Vatel. *Paris,* 1861, in-8, br. — Notes et renseignements sur le fac simile de la lettre de Charlotte de Corday à Barbaroux. (*Paris, Jouaust,* s. d.), br. in-8.

385 — ARSÈNE HOUSSAYE. — Notre-Dame de Thermidor. Histoire de Mme Tallien. *Paris, Henri Plon*, 1866, in-8, br. Portraits et gravures.

386 — AFFAIRE du collier. Mémoires inédits du comte de Lamotte-Valois, sur sa vie et son époque (1754-1830), publiés par Louis Lacour. *Paris, Poulet-Malassis*, 1858, in-12, br.

387 — MUSÉE de la Révolution. Histoire chronologique de la Révolution française. *Paris, Perrotin*, 1834, in-8, br.

> Exemplaire en feuilles ; ouvrage orné des vignettes sur bois et de cinquante-six gravures et portraits sur chine, d'après les dessins de Raffet et autres.

388 — MÉMOIRES de Mme Elliot sur la Révolution française, traduits de l'anglais, par le comte de Boillon. *Paris, Mich. Lévy fr.*, 1861, in-12, br.

> Ouvrage orné d'un portrait de Mme Elliott, gravé par J. Brown.

389 — HISTOIRE du Consulat et de l'Empire, par A. Thiers. *Paris, Paulin*, 1845-1869, 21 vol. in-8, br.

390 — VIGNETTES et portraits pour l'histoire du Consulat et de l'Empire de M. Thiers, planches sur acier, dessinées par MM. Karl Girardet, Eug. Charpentier, etc. *Paris, Paulin*, 1857, 15 livr. in-4, br.

> Collection complète de soixante-quinze planches.

391 — HISTOIRE de Napoleon, par M. de Norvins. *Paris, Ambr. Dupont*, 1828, 4 tomes en 16 parties, in-8, br.

392 — NAPOLÉON et ses contemporains, suite de gravures représentant des traits d'héroïsme, de clémence, de générosité, de popularité, avec le texte publié par Aug. de Chambure. *Paris, Bossange*, 1824, in-4 en feuille. Environ 60 gravures de Devéria, Desenne, E. Johannot, Lamy, Grenier, en différents états.

393 — Papiers et correspondances de la famille impériale. *Paris, Impr. nationale,* 1870, 25 livraisons in-8.

On y a joint le volume complémentaire, publié en 1872, relatif aux affaires du Mexique.

394 — Georges d'Heilly. — Morts royales. *Paris, Jouaust,* 1867, in-12, br.

Un des trente exemplaires sur papier de Hollande.

395 — Histoire civile, physique et morale de Paris, depuis les premiers temps historiques jusqu'à nos jours, par J.-A. Dulaure. *Paris, Guillaume,* 1823, 10 tomes en 22 parties, in-8, br., et atlas in-4 obl., br.

396 — Histoire physique et morale des environs de Paris, par J.-A. Dulaure. *Paris, Furne,* 1838, 5 vol. in-8, en feuille.

A cet exemplaire se trouve joint : la table des matières et dictionnaire topographique des environs de Paris.

397 — Wanderings by the Seine by Leitch Ritchie, esq. with Twenty engravings from drawings by J. M. W. Turner. *London,* 1834, in-8, mar. vert., tr. dor. (Reliure anglaise.)

398 — Grand monde et salons politiques de Paris après la Terreur, par Louis Lacour. *Paris, A. Claudin et Eug. Meugnot,* 1861, br., in-12 de 101 pages.

399 — L'Hôtel de Cluny au moyen âge, par Mme de Saint-Surin, suivi des contenances de table et autres poésies inédites des xve et xvie siècles. *Paris, J. Techener,* 1835, petit in-8, br., papier de Hollande.

400 — Souvenirs historiques des résidences royales de France, par J. Vatout. *Paris, Firm. Didot fr.,* 1837, 7 vol. in-8, br.

Palais de Versailles. — Palais-Royal. — Château d'Eu. — Palais de

Fontainebleau. — De Saint-Cloud. — Château d'Amboise et de Compiègne.

401 — VERSAILLES ancien et moderne, par le comte de Laborde. *Paris, impr. Schneider et Langrand,* 1841, in-8, en feuilles, divisé en 2 vol., nombreuses gravures sur bois intercalées dans le texte.

> Outre les illustrations de cet ouvrage on a ajouté environ cent soixante pièces détachées de portraits, vues, plans, la plupart gravées sur acier, d'après Bellangé, Horace Vernet, Nattier, Desenne, Lebrun, Rouergues, etc.

402 — HISTOIRE de la maison royale de Saint-Cyr, (1686-1793), par Théophile Lavallée, *Paris, Furne,* 1853, gr. in-8, br. portrait et carte.

> Portrait ajouté de Mme de Maintenon, gravé par Forssell, d'après Mignard, tiré sur chine.
> Exemplaire avec envoi autographe signé de l'auteur.

403 — CHAMBORD, par J.-T. Merle. *Paris, Urbain Canel,* 1832, in-16, br. vignette gravée sur le titre représentant le château.

404 — LE CHATEAU de Chambord, par L. De La Saussaye. *Paris, impr. de Louis Perrin,* 1859, pet. in-8, br., papier teinté, gravures.

> Cet exemplaire est orné de différents portraits et gravures ajoutés.
> Nous mentionnerons un portrait de François Ier en médaillon dessiné à la sépia; une vue de Chambord, gravée sur acier; un portrait de J.-Ant. Baïf, gravé par Gaucher; celui de Molière, par Ingouf, d'après Mignard; deux gravures de Moreau dont une *avant la lettre* pour la scène de M. de Pourceaugnac; le mausolée du maréchal de Saxe, gravé sur acier; un portrait de Napoléon Ier, entouré d'emblèmes, gravé sur acier par Hopwood, etc.

405 — ANET, son passé, son état actuel, (par Riquet, comte A. de Caraman), notice historique. *Paris, Benjamin Duprat,* 1860, in-12, br.

406 — EXPOSITION abrégée de l'histoire du gouvernement, des mœurs, usages et lois de la République de Genève (par M. le duc d'Enville). *S. l. n. d.*, pet. in-8, mar. roug., fil., tr. dor. (*Reliure ancienne.*)

Manuscrit de cent quatre-vingt-neuf pages de la fin du XVIIIe siècle, d'une très-belle écriture.

BIOGRAPHIE

407 — BIOGRAPHIE universelle ou dictionnaire historique, publié par une société de gens de lettres sous la direction de M. Weiss. *Paris, Furne,* 1841, 6 vol. gr. in-8, texte à deux col. (Exemplaire en feuilles.)

408 — VIES des dames galantes, par Brantome, édition publiée par M. Vigneau. *Paris, Ad. Delahys,* 1857, in-12, broché.

409 — HISTOIRE de la vie et des ouvrages de J.-J. Rousseau, par V. D. Musset-Pathay. *Paris, P. Dupont,* 1827, in-8, broché.

410 — FRERON, ou l'illustre critique, sa vie, ses écrits, sa correspondance, sa famille, etc., par Ch. Monselet. *Paris, Pincebourde,* 1864, in-12 carré, br. Frontispice gravé à l'eau-forte.

411 — RÉTIF de la Bretonne, par Ch. Monselet. *Paris,* 1854, in-12, br. Portrait gravé par Nargeot. (2 états.)

412 — SOPHIE Arnould, d'après sa correspondance et ses mémoires inédits, par MM. Edmond et Jules de Goncourt. *Paris, Poulet-Malassis,* 1857, in-12, br.

Exemplaire en feuilles sur PAPIER DE HOLLANDE avec un appendice qui ne se trouve qu'à très-peu d'exemplaires.

Cet ouvrage est orné de nombreux portraits ajoutés, dont trois de Sophie Arnould : 1° D'APRÈS LANTI, COLORIÉ FINEMENT AU PINCEAU ; 2° celui gravé par Bourgeois La Richardière, et 3° CELUI DE RIFFAUT ; plus un joli dessin fait au lavis, représentant en vignettes les débuts de Sophie Arnould à l'Opéra.

Parmi les portraits nous citerons celui du cardinal de Bernis, *en médaillon* ; Voltaire, Marie Leczinska ; Mlle Clairon, *par Devéria, épreuve sur chine* ; le duc de Choiseul ; La Harpe, *gravé par Hopwood* ; Bernard (dit Gentil), *par Chasselat, épreuve sur chine* ; Mlle Raucourt, Ch. Villette, *gravé par Gaucher* ; Gluck, *gravé par Saint-Aubin, en 1781* ; Dorat, *gravé par Dupin* ; Beaumarchais, Bougainville, Voltaire, *gravé par J. Le Roy, épreuve ancienne avec son tombeau* ; Chaptal, *épreuve moderne sur chine avant la lettre* ; J. Darcet, etc.

Exemplaire curieux qui contient environ quarante portraits.

413 — ARNOLDIANA, recueil choisi d'anecdotes piquantes, de réparties et de bons mots, de Mlle Arnould, précédé d'une notice sur sa vie. *Paris, Gérard*, 1813, in-12, bas. rou.

414 — SOUVENIRS et portraits, 1780-1789, par M. le duc de Lévis. *Paris, Laurent Beaupré*, 1815, in-8, br.

415 — BIOGRAPHIE des hommes vivants. *Paris, L. G. Michaud*, 1816, 5 vol. gr. in-8, texte à deux col., cart.

416 — BIOGRAPHIE des quarante de l'Académie française. *Paris*, 1826, in-8, br.

Cet ouvrage a été publié par MM. J. Méry, A. Barthélemy et Léon Vidal.

417 — ARSÈNE HOUSSAYE. Histoire du 41me fauteuil de l'Académie française. *Paris, Victor Lecou*, 1855, in-8, broché.

On a ajouté à cet exemplaire un très-beau portrait de l'auteur.

418 — HISTOIRE biographique de la Chambre des pairs, par A. Lardier, *Brissot Thivars*, 1829, in-8, br.

419 — SOUVENIRS de Jean-Nicolas Barba, ancien libraire au Palais-Royal. *Paris, Ledoyen et Giret*, 1846, in-8, br.

Portraits de l'auteur et de Pigault-Lebrun.

420 — M. Etienne. Essai biographique et littéraire, par M. Léon Thiessé. *Paris, Firm. Didot fr.* 1853, in-8, br. (Portrait.)

421 — Les Oubliés et les dédaignés, figures littéraires de la fin du xviii° siècle, par M. Ch. Monselet. *Alençon, Poulet-Malassis,* 1857, 2 vol. in-12, br.

Cet ouvrage est orné de nombreux portraits ajoutés.

422 — Ch. Monselet. Portraits après décès. *Paris, Ach. Faure,* 1866, in-12, br.

Nombreux portraits ajoutés, la plupart gravés sur acier.

423 — Vie de Schiller, par Ad. Regnier. *Paris, L. Hachette,* 1859, gr. in-8, br.

BIBLIOGRAPHIE

424 — Recherches sur Jean Grolier, sur sa vie et sa bibliothèque, par M. Le Roux de Lincy. *Paris, L. Potier,* 1866, gr. in-8, br.

Exemplaire en GRAND PAPIER DE HOLLANDE.

425 — Voyage bibliographique, archéologique et pittoresque en France, par le Rév. Tho. Frognall Dibdin, traduit de l'anglais, avec des notes, par Théod. Licquet. *Paris, Crapelet,* 1825, 4 vol. gr. in-8, br.

Bel exemplaire en GRAND PAPIER VÉLIN.

426 — Éclaircissements historiques et critiques sur l'invention des cartes à jouer, par M. l'abbé Rive. *A Paris, de l'impr. de Fr.-Ambr. Didot,* 1788, br. in-8 de 48 p., papier de Hollande.

427 — RECHERCHES bibliographiques sur les éditions originales des cinq livres de Rabelais, par Jacq.-Ch. Brunet. *Paris, L. Potier,* 1852, in-8, br.

428 — BIBLIOGRAPHIE Cornélienne, par Émile Picot. *Paris, Aug. Fontaine,* 1876, in-8, br., papier de Hollande.

429 — BIBLIOGRAPHIE Voltairienne. *Paris, Firm. Didot fr.* (1842), gr. in-8, br., texte à deux col.

> Extrait de la *France littéraire,* de M. J. Quérard, tirée à petit nombre

430 — GUIDE de l'amateur de livres à vignettes du XVIII⁰ siècle, par Henri Cohen. 2ᵉ édition. *Paris, P. Rouquette,* 1873, in-8, br. Frontispice à l'eau-forte, par J. Chauvet. 2 épreuves.

431 — BIBLIOGRAPHIE romantique, par Ch. Asselineau. *Paris, P. Rouquette,* 1872, gr. in-8, br. Frontispice gravé à l'eau-forte, par Braquemond, et cinq eaux-fortes de T. Johannot, sur chine, gravées par Brière et Porret.

> On a ajouté à cet exemplaire les portraits de Th. Gauthier, gravé par L. Wolf; Jules Janin, Petrus Borel, par Célestin Nanteuil.

432 — CATALOGUE des livres en petit nombre composant la bibliothèque de M. Vivenel, architecte. *Paris, J. Techener,* 1844, gr. in-8, cart., non rogné.

> Exemplaire en GRAND PAPIER DE HOLLANDE, orné de petites vignettes sur bois et d'un portrait ajouté.

433 — CATALOGUE des livres, manuscrits et imprimés composant la bibliothèque de M. Armand Cigongne. *Paris, L. Potier,* 1861, in-8, br.

> Catalogue d'une bibliothèque comprenant deux mille neuf cent dix numéros importants, acquise à l'amiable par Mgr le duc d'Aumale.

434 — CATALOGUE des livres rares et précieux de la bibliothèque de M. le baron J. P*** (Pichon). *Paris, L. Potier,*

1869, in-8, br. (avec la table imprimée des prix d'adjudication).

435 — Catalogues des bibliothèques. — Radziwil. — Capé. —Brunet. — Huillard. —Sainte-Beuve. —Benzon. — Chardey. — Emm. Martin. — Curmer. — J. Janin. Turner, ens., 14 vol. in-8, br.

436 — Catalogue de livres rares composant la bibliothèque de M. L. De M*** (Lebeuf de Montgermont). *Paris*, 1876; gr. in-8, br. (avec la table des prix d'adjudication imprimée).

437 — Bulletin mensuel de la librairie Morgand et Ch. Fatout. *Paris*, 1876, 6 liv. in-8, br. (i à vii).

438 — Essai sur la restauration des anciennes estampes et livres rares, par A. Bonnardot. *Paris, Deflorenne,* 1846, 2 br. in-8.

439 — Sous ce numéro on vendra quelques lots de livres.

Paris. — Typ. Pillet et Dumoulin, 5, rue des Grands-Augustins.

117 bis   Bernardi de [illegible]   [illegible]   13 [illegible]
120 bis   Bernarda   7 [illegible]   175 [illegible]
121 bis   d.º   [illegible]   77 [illegible]
113 8 —   Bernard   6 [illegible]   182 [illegible]
130 bis   [illegible]   [illegible]   47 [illegible]
130   d.º   6 [illegible]   70 d.º
131 bis   d.º [illegible]   21 d.º
137 bis   [illegible]   [illegible] en —   86 [illegible]
137   d.º — [illegible] en   39 —
688 bis   [illegible]   ——————   22 — [illegible]
688   d.º   [illegible]